高效亲子沟通

墨墨 著

应急管理出版社

·北京·

图书在版编目（CIP）数据

高效亲子沟通/墨墨著. -- 北京：应急管理出版社，2019

ISBN 978-7-5020-7627-6

Ⅰ.①高… Ⅱ.①墨… Ⅲ.①家庭教育 Ⅳ.①G78

中国版本图书馆 CIP 数据核字（2019）第 136821 号

高效亲子沟通

著　　者	墨　墨
责任编辑	孙　婷
封面设计	吕佳奇
出版发行	应急管理出版社（北京市朝阳区芍药居 35 号　100029）
电　　话	010-84657898（总编室）　010-84657880（读者服务部）
网　　址	www.cciph.com.cn
印　　刷	北京铭传印刷有限公司
经　　销	全国新华书店
开　　本	880mm×1230mm $^1/_{32}$　印张　6　字数　180 千字
版　　次	2019 年 8 月第 1 版　2019 年 8 月第 1 次印刷
社内编号	20192195　　　　　定价　29.80 元

版权所有　违者必究

本书如有缺页、倒页、脱页等质量问题，本社负责调换，电话：010-84657880

前言 Preface

我们经常说，孩子是一个家庭的希望和未来。当孩子来到人世间，成为家庭中的一员，对父母而言，他便是上天恩赐的天使，是快乐的源泉，是令人时刻牵挂的所在。

所有的父母都会对自己的孩子寄予美好的希望——希望孩子健康快乐，希望孩子善良正直，希望孩子学业有成，希望孩子的人生道路宽广而通达……但这些美好的愿望是否能够实现，很大程度上取决于在孩子的成长阶段，父母如何教育孩子以及如何与孩子沟通。

"个体心理学"创始人阿德勒在《儿童的人格教育》一书中写道："幸运的人一生都在被童年治愈，不幸的人一生都在治愈童年。"如果一个孩子在童年时能够拥有父母无微不至的照顾，与父母有良好的情感交流，那么他就会健康快乐地成长，发展出健全的人格，即使在今后的人生道路上遇到困难和挫折，也能从温暖的童年中汲取无穷的力量。

相信每一位父母都想给予孩子一个治愈系的童年，因为这是为人父母者能够送给孩子的最好、最珍贵的礼物。但是，并不是所有的父母都懂得具体该如何去做。

文学巨匠高尔基说:"爱孩子,这是母鸡也会做的事,可是,教育好孩子却是一门艺术,这需要才能和渊博的生活知识。"家庭教育的重要性无须多言,对于每个人来说,所受到的家庭教育都在其一生的成长中起着奠基石的作用。然而,很多父母并没有学习过如何教育孩子,他们对孩子的教育方法,还在延续自己曾经接受到的教育方式,带有很大的随意性和盲目性。随着孩子年岁渐长,父母与孩子之间就会出现各种各样的问题,影响到亲子沟通的效果,严重的甚至会给孩子的心理造成难以愈合的创伤。

近年来,经常有人吐槽"这届孩子很难带",同时,也有很多孩子在感叹"父母不理解我",这其实就是亲子沟通出现了障碍。有效的亲子沟通是父母与孩子心灵之间的一道桥梁,通过这道桥梁,父母与孩子彼此理解、相互尊重。试想一下,如果父母不知道孩子心里想的是什么,不知道孩子的心理需求,又何谈家庭教育呢?亲子关系是生命中一场深厚的缘分,每一个为人父母者都应该了解孩子的心理特征,找到与孩子沟通最合适的方式,使自己与孩子的亲子沟通畅通、高效。

父母爱孩子是一种本能,但怎么爱孩子、怎么对孩子进行良好的家庭教育、怎么跟孩子进行有效的沟通,却是一种技能,需要学习和感悟才能做好。为了帮助更多的父母学习和掌握高效的亲子沟通方法,帮助更多的父母解决亲子沟通的难题,促进孩子健康成长,作者特编著了此书。

本书贯彻现代教育前沿科学理念，结合心理学相关知识，采用理论和个案相结合的方式，详细介绍和解读多种亲子沟通方法，并就亲子沟通中容易出现的问题给出解决办法。相信此书可以帮助各位家长朋友获取开启孩子内心的"金钥匙"，赢得孩子的信任和尊重，成为亲子沟通的"艺术家"。此外，本书的各个小节基本独立，大家可以根据自己的需要从任何地方读起。

作者

2019 年 8 月

目录 Contents

001 第一章
重视亲子情感交流，构建良好沟通基础

平等对话，做孩子信赖的朋友 002

及时回应，实现与孩子的双向交流 007

正确表达，让孩子感受到爱的温暖 013

正面评价，培养孩子积极心态 018

营造良好的家庭环境以及温馨和谐的家庭氛围 023

029 第二章
走进孩子的内心，让沟通变得更为畅通

耐心倾听，使孩子愿意敞开心扉 030

真诚夸奖，滋润孩子的心田 036

多一些宽容，善待孩子的不足之处……042
给孩子改正错误的机会和空间……048
正确理解、谅解孩子的逆反心理……054

059 第三章
放下家长架子，让孩子愿意沟通

远离咆哮，注意与孩子说话时的语调和语气……060
远离唠叨，别让孩子"耳朵磨出茧子"……066
远离抱怨，别让孩子看不到世界的美好……071
远离语言暴力，别让恶语伤了孩子的心……077

083 第四章
传递"正能量"，让孩子的世界充满"阳光"

多一些信任，孩子才能更加自信……084
善于疏导，帮助孩子走出负面情绪的阴影……090
挫折也是财富，不经历风雨怎能见彩虹……095
让孩子适当吃苦，是真正的富养……101
多给孩子一些欣赏，让孩子充满自信……108
多给孩子一些激励，满足孩子的成就感……114

119 第五章
用尊重建立沟通的无障碍通道

给予尊重，让孩子感受到平等……120
尊重孩子的小隐私，为其提供宽松的成长空间……125
尊重孩子的兴趣爱好，帮孩子扬起前行的风帆……131
不要带着负面情绪和孩子对话……137
别拿"别人家的孩子"刺激自己的孩子……142
倾听孩子的申辩，尊重孩子解释的权利……147

153 第六章
恰到好处的引导是沟通的升华

家长以身作则，孩子"不令而行"……154
身教重于言传，做孩子最好的榜样……159
潜移默化，帮孩子树立正确"三观"……164
支持并帮助孩子树立梦想……170
良好的家庭熏陶是孩子一生的财富……177

第一章

重视亲子情感交流，构建良好沟通基础

平等对话，做孩子信赖的朋友

家庭是孩子的第一所学校，父母是孩子的第一任老师。近年来，越来越多的人认识到家庭教育对孩子的重要性。良好的家庭教育不仅有利于孩子智力、体力等方面的成长，而且对其世界观、价值观、人生观的形成，道德品质的发展，健康心理素质的培养等都大有裨益。那么，如何才能使家庭教育顺利地进行和完成呢？

有教育专家认为，父母和孩子进行良好的情感交流，是孩子拥有安全感、价值感和幸福感的保证，也是家庭教育得以实施的前提。而亲子之间的情感交流要建立在平等、和谐、彼此尊重和信任的基础上。父母和孩子能平等对话是亲子沟通及家庭教育的前提，同时也是二者的重要手段和方法。父母如果能以平等的姿态与孩子对话，成为孩子认可、信赖的朋友，孩子就容易对父母敞开心扉，进行有效沟通，父母也就能够及时了解孩子的所思所想，当孩子遇到困难或者心理问题时，就能及

第一章 重视亲子情感交流，构建良好沟通基础

时给予孩子帮助和引导。

我们可以用"抛球"这个常见的游戏来做一个形象的比喻，说明亲子之间平等对话的重要性。

父母和孩子之间的沟通，就像双方在玩抛球与接球的游戏。在游戏过程中，游戏双方抛球者和接球者的身份是在不断变换的。也就是说，双方是平等、合作的关系，双方都是主体。而且，双方都要认真对待、形成默契，游戏才能顺利进行下去，玩游戏的人才能从中得到锻炼、获得快乐。

亲子沟通和抛球、接球的游戏一样，需要亲子双方在平等、合作的基础上进行。如果一方摆出高高在上的姿态，不顾对方感受如何，只顾将球抛向对方甚至砸向对方，那么双方将难以"一起愉快地玩耍"，而且很可能会引起对方的反感甚至敌视。

有的家长认为孩子还小，不懂事，只要听话就行了，于是总是"俯视"孩子，对待孩子简单、粗暴，总是用命令式的口气和孩子说话，只要孩子的想法和行为方式不符合自己的意愿，就命令孩子"住嘴"，对孩子强加干涉。这样做的结果往往是使孩子产生逆反心理，即使"口服"也难以"心服"。而且，长期生活在父母"高压政策"之下的孩子，会缺乏独立精神和自主意识，对其一生都会产生不利的影响。

美国心理学家威廉·哥德法勃说："教育孩子最重要的是，要把孩子当成与自己人格平等的人，给他们以无限的关爱。"

无数事实也证明，如果父母和孩子之间能够平等对话、顺畅沟通，孩子往往会有积极、乐观的心态，不需要父母督促就会主动地学习、上进。相反，如果父母总是把自己的意愿强加给孩子，就会造成亲子关系紧张，亲子沟通出现障碍，孩子也会随之表现出各种各样的问题。

我的一位好友给我讲过她与女儿之间发生的一件事情。

一天临睡前，好友照例给女儿讲故事，这天讲的是《花儿与蝴蝶》。好友看着故事书，尽量声情并茂地读给女儿听，但心里仍不由自主地挂念着待处理的工作、没做完的家务，暗暗希望女儿能早点入睡。可是，也许今天讲的是新故事的缘故，女儿眼睛睁得大大的，听得入神，没有一点儿睡觉的意思，好友难免有些着急。

当好友读到"蝴蝶对花儿说，姐姐，姐姐，大雨把我的翅膀淋湿了"的时候，女儿突然插嘴说："妈妈，你讲错了。"好友本来就有些心烦，听女儿这么一说当时就急了："哪里错了？书上就是这样写的。你到底睡不睡？讲了半天故事，你倒越来越精神了。"见妈妈施展出了"吼功"，女儿不敢再说话，抹着眼泪委屈地睡了。

第二天，好友冷静下来以后，意识到自己昨天有些过分，便主动找女儿求和好，并问女儿为什么说故事讲错了。女儿认真地回答："妈妈，你忘啦，《十万个为什么》上说蝴蝶的翅

第一章 重视亲子情感交流，构建良好沟通基础

膀是不会被雨淋湿的。"好友一下想起来，科普读物上确实是说蝴蝶的翅膀上有富含脂肪的鳞粉，就像一层天然的雨衣，不会被雨淋湿。原来，女儿不但将以前讲过的知识牢牢地记在了心里，还很善于思考，而自己由于缺乏耐心，没有认真对待孩子的提问，不但委屈了女儿，还差点打击孩子的求知欲。

好友诚恳地向女儿道歉，并保证以后会尽量注意，请女儿对自己进行监督。女儿高兴地接受了妈妈的道歉，又和妈妈拉钩，说要和妈妈做一辈子的好朋友。

当代著名学者、作家周国平说："在我看来，做孩子的朋友，孩子也肯定把你当作他的朋友，这是做父母的最高境界，也是最大的成功。"把孩子当成朋友、与孩子平等对话，就要互相尊重，有事情时互相商量。这就要求家长要放下架子，对待孩子多一些平和与宽容，尊重孩子与自己不同的想法，不能把自己的经验和思想强加给孩子，而完全不考虑孩子的处境和感受。

一个家庭如果有着民主、平等的氛围，孩子就会具有良好的心理状态，具有自尊感、自信感，有什么想法也愿意与父母沟通。父母与孩子的亲密沟通，实际上是父母与孩子心灵的碰撞。每一个为人父母者都应该学会用"父母＋朋友＋老师"的思维方式平等对待孩子，成为孩子的良师益友。

另外，还想提醒大家一句，"人非圣贤，孰能无过"，当我们对孩子说错话、做错事之后，要勇于承认并主动向孩子道歉，

高效亲子沟通

千万不要为了维护所谓的"威严"而不肯认错。因为那样做只会使孩子感到委屈,与父母的关系变得疏离,严重的还会有损父母在孩子心目中的形象。

名师提示

和孩子平等对话、做孩子的朋友,这是一件看似简单,但要想真正做到却并不容易的事情,而且这件事情还需要为人父母者持之以恒地长期去做。因此,大家有必要记住以下两个原则:

(1)学会换位思考。只有站在孩子的高度和角度考虑问题,设身处地为孩子着想,才能了解和理解孩子的真实想法,与孩子产生情感上的交流和共鸣,实现良好、高效的亲子沟通。

(2)"蹲下来"和孩子说话。这里说的"蹲下来"指的是身体和心理两方面。对待年幼的孩子要把身体"蹲下来",减少孩子的压迫感和距离感。对待年长一些的孩子要从心理上"蹲下来",也就是放平心态,建立平等、可对话的家庭关系。只有在良好的语言环境中,让孩子愿意和父母对话,亲子之间的沟通才能畅通无阻。

第一章　重视亲子情感交流，构建良好沟通基础

及时回应，实现与孩子的双向交流

亲子沟通是家长和孩子之间经常做的事情，几乎每天都会发生，但沟通的效率及效果却不尽相同。亲子之间的沟通是否顺畅、高效，取决于多方面的因素，本书会逐一进行详细的介绍。首先介绍其中一项重要因素——及时回应。

及时回应是亲子之间有效沟通的第一步，也是建立融洽亲子关系的重要途径。有的父母认为孩子不能惯着，越惯着越"事多"，甚至有些所谓的"育儿宝典"也推崇类似哭声免疫、延迟满足等方法。然而，这些方法貌似能培养出"省事""不闹人"的孩子，但就孩子整体的成长发育来说，是存在很大弊端的。

心理学研究发现，越是在生命早期，婴儿的自我调节能力越差，越需要外界及时地回应和安抚，从而有利于获得安全感和归属感。比如，婴儿会说话之前，看到妈妈（或其他熟悉的抚育者）就会笑，或者会用咿咿呀呀的"婴儿语言"与之"交谈"，这其实就是孩子发出的想交流、想沟通的信号。这时，如果妈

妈能够做出及时、准确的回应，比如抱起孩子或者跟孩子"对话"，那么孩子就会表现得很满足、很高兴；反之，如果没人理，婴儿就会哭闹，有的还会持续很长时间，直到自己疲倦得哭不动为止。

演员马伊琍在其小女儿出生后，曾数次在微博上发文，反思自己在大女儿小时候的带娃方法。

马伊琍回忆说，在大女儿很小的时候，她便按照某些育儿方法教的让女儿单独睡，并训练她睡整觉。女儿晚上醒来后会哭着拍手求抱抱，直到哭累了重新入睡。起初，马伊琍严格地按照育儿方法上说的不去理睬女儿，但是同时心里又非常不忍孩子如此无助，只能在黑暗中期盼着孩子快点睡去，甚至祈祷孩子长大后不要记得这些独自哭泣的夜晚。后来，在马伊琍母亲的劝说下，她决定结束这种对孩子对自己对全家都是煎熬的折磨，把孩子的小床放在了自己的大床旁边，晚上孩子一旦醒来，就伸手拍拍她安抚一下，从此孩子和全家都能够睡得无比踏实。小女儿出生后，马伊琍不再执念于某些育儿理论，改用顺其自然的方法带娃，哭了就抱、饿了就喂，孩子很健康，自己也少费了很多气力，更关键的是大人孩子都很快乐。

从两个女儿的成长经历中，马伊琍感悟到，孩子只有从婴儿时期就得到充分的情感回应，其依赖感得到充分满足，长大后才能有足够的安全感，才能真正独立。

第一章 重视亲子情感交流，构建良好沟通基础

有的年轻父母由于工作较忙或者其他原因，用"不回应、少回应"的办法"训练"孩子自己玩。这样的育儿方法一度在欧美一些国家流行。除了哭声免疫法、延迟满足法等，类似的《超级保姆》等电视节目也曾很受推崇。然而，经过多年的观察，越来越多的心理学家发现，用这种方法养育出来的孩子，由于从小缺少关爱，成年后容易出现各种心理问题，轻一些的表现为缺乏安全感、睡眠障碍等，重的则会出现抑郁症、人格障碍甚至精神分裂等。比如，哭声免疫法的发明者约翰·华生的几个孩子成年后都患上了不同程度的抑郁症，大儿子自杀身亡，小儿子一直流浪，女儿也多次尝试自杀。

很多家长应该有这样的体验，就是当孩子对我们说什么的时候，如果我们及时做出回应，并表现出对孩子的话题感兴趣，那么孩子就会表现得兴奋、喜悦，以后再有什么事情也愿意主动告诉家长；反之，如果家长不理不睬，或者态度敷衍，那么孩子的兴致就会大减，次数多了还会失去和家长交谈的欲望，甚至会影响孩子的性格和亲子关系。经常有一些家长抱怨，说孩子大了，变得有什么事情都不愿告诉父母。其实，出现这种情况时，家长最好还是先从自身找一下原因。

我女儿小时候发生过的一件事情，给我的印象很深。

有一天，我到幼儿园接女儿，由于当时快期末考试了，班级里的工作比较多，再加上有两篇约稿着急写，我的心思便没

高效亲子沟通

在女儿身上。

接了女儿以后,我便带她匆匆往家赶。一路上,女儿兴致勃勃地跟我说着幼儿园发生的趣事,我心不在焉地应付着,只想赶紧到家安顿好女儿,然后赶紧干我的事情。渐渐地,女儿的声音变得越来越小,快到家时已经不说话了。

到家后,我拿出新买的一套画笔,让女儿自己画画,然后便开始做饭,同时还在琢磨稿子该如何写。女儿见到新画笔又变得高兴起来,画一点儿就拿过来给我看看,一会儿说:"妈妈,你看我画的大高楼。"一会儿说:"妈妈,你看看,这里可以再加一棵大树吗?"……

刚开始时,我还尽量耐着性子回应一下,但随着思路屡次被打断,我终于不耐烦了。我强忍着不冲女儿发火,但对她的回应越来越敷衍——"嗯,妈妈看到了。""你看着画吧,怎么都行。"终于,女儿不再烦我,安安静静地自己画自己的画去了。

过了一会儿,我爱人回到了家。一见爸爸回来,女儿欢呼一声飞奔上前,拉着爸爸看她的新画笔和图画。我爱人认真地看了看女儿的画,竖起大拇指,说:"妞妞画得真好!看这棵大树画得多漂亮!画在这个位置也正合适。爸爸像你这么大的时候可画不了这么好。我想想看,那时候我好像刚会画太阳。"听爸爸这样一说,女儿兴奋得小脸都涨红了,叽叽喳喳地打开

第一章 重视亲子情感交流，构建良好沟通基础

了话匣子，父女俩你一言我一语聊得热火朝天。我还听见女儿委屈地告状："妈妈忙，都不理我。"

那一刻，我感觉很愧疚。我意识到确实是由于我的敷衍让女儿感到了冷落，感到了委屈；而爱人的认真回应让女儿充满成就感，感到幸福和满足，并且更愿意主动沟通和交流。

这件事情以后，我非常注意在孩子给我说什么的时候及时做出合适的回应，如果确实太忙的时候，就告诉女儿，现在正在做事情，和她约定一个时间回头再聊。孩子还是很容易满足也很懂事的，我每次这样对女儿说的时候，她都表示同意，有时候还会帮我干一些简单的家务，以便给我腾出点时间。

"及时回应"虽然看上去是一件小事，但其实很重要，只有做到这一点，孩子才会感到被尊重和重视，才能建立对父母的信任，有了什么事情或遇到什么困难时，才会第一时间想到告诉父母或向父母求助。

我也问过许多我的学生，为什么宁肯和网上的陌生人聊天也不愿意跟父母沟通。他们的回答往往是："对父母说了他们也不会在意。""他们要么不理我，要么熊我一顿，我干吗自己找不痛快？"因此，当孩子出现不愿意跟父母交流、沟通的情况时，先不要把问题归结于青春期、逆反期等原因，做父母的还是先检讨一下自己，因为，有些问题看似出在孩子身上，其实是由于父母引起的。

高效亲子沟通

> **名师提示**

在孩子的世界里，父母不仅是养育者，更是健康心理的构建者。亲子之间的有效沟通是教育、引导好孩子的重要途径，而回应则是沟通的第一步，因此需要每一位家长予以足够的重视。

（1）回应要及时。当孩子发出沟通的信息时，家长要在第一时间做出回应。孩子的存在感和安全感需要父母的反复确认才会坚固，而"回应"就是一种重要的确认方式。

（2）回应要有效。父母在回应孩子时，要关注到孩子所说话的重点及孩子的情感状态，并据此进行有针对性的有效的回应。

（3）不要进行"扫兴式"的假回应。比如，孩子正在兴致勃勃地说学校运动会的事情，家长却来上一句"你的作业写了吗"，这就不是对孩子的回应，而是扫兴式的打击了。如果孩子经常性地被父母这样"一句话把天聊死"，那么孩子的心灵受到的伤害会非常大。

正确表达,让孩子感受到爱的温暖

"妈妈总是对我说,爸爸妈妈最爱我,我却总是不明白,爱是什么。爸爸总是对我说,爸爸妈妈最爱我,我却总是搞不懂,爱是什么。爱我你就陪陪我,爱我你就亲亲我,爱我你就夸夸我,爱我你就抱抱我……"

相信很多家长朋友都听过这首充满童趣的歌曲《爱我你就抱抱我》。这首歌真实地唱出了孩子们对爱的请求,也给家长们带来了很好的启发。

每一个孩子都需要父母的爱,一个孩子如果能得到充足的爱,就自然而然地获得安全感和价值感。著名作家严歌苓曾说,一个内心不缺乏爱的人,往往是自尊、自信的,即使遇到困难,也不会轻易沦陷进自卑、沮丧的深渊,这样的人无论最终能够做出多大的成就,其本身就是成功者。

当然,绝大多数父母都是在无私地爱着自己的孩子,爱是教养孩子的基础,对孩子缺乏爱心的家长也没有资格奢谈对孩子的教育。但是，为数不少的家长并不知道如何表达对孩子的爱，甚至错误地信奉"打是亲，骂是爱"，采取严厉的管教方式对待孩子。殊不知，这样做的结果往往引起亲子关系紧张和破裂，严重的甚至会引发恶性事件。

我们学校的心理辅导老师韩老师给我讲过这样一件事情。

有一天，初中部一个叫肖旭的同学找到韩老师，说自己很苦恼，因为他觉得爸爸妈妈不爱他了。韩老师问他原因，肖旭说，升初中之前，他的成绩很好，经常有人对他爸妈表示羡慕，说他爸妈养了个小学霸，爸妈自然非常高兴，对他的态度也很好，经常表扬、夸奖，他有点什么要求也几乎有求必应。但自从升入初中后，他的成绩没有以前那么好了，虽然自己也在努力学习，但不知为什么，效果总是不理想。

随着成绩的下降，爸爸妈妈对他的态度越来越差，动不动就训斥他，说他骄傲了，不用功，并且还禁止他玩电脑、看电视。周末他想出去玩一会儿，爸妈也会马上给他脸色看，有时还会长篇大论地给他上"政治课"。

肖旭对韩老师说："我不光是觉得我爸妈现在不爱我了，我还怀疑他们过去对我好的时候，其实爱的也不是我，而是我的分数。"

韩老师对肖旭做了必要的心理疏导后，又联系了他的父母，给他们说了这些情况。这两位家长听了韩老师的话很吃惊，他们

第一章 重视亲子情感交流，构建良好沟通基础

没想到自己对孩子严格要求，竟然给孩子造成了这么大的压力。他们也对韩老师诉苦，说："我们之所以这么做，还不都是为他好吗？孩子怎么就不理解我们的良苦用心呢？我们怎么可能不爱他了，要是真的不爱他了，干吗还在他身上费这么大劲？"

肖旭父母的这种心态和做法在家长中很常见，他们总觉得自己是为了孩子好，孩子就应该理解、听话，并且知道感恩。但事实证明，这是家庭教育中一个常见的误区：父母期望孩子各方面都优秀，孩子一旦达不到父母的期望值就会被严加管教。父母觉得这就是对孩子的爱，但孩子感受到的却恰恰相反。孩子不懂抽象的爱，他们只知道自己需要陪伴和拥抱，需要亲热和夸奖。当孩子感受不到来自父母的爱时，往往会出现迷茫、自卑等情绪，严重的还会出现逆反情绪，故意和父母对着干，或者干脆不搭理父母。

韩老师耐心地和肖旭的父母进行了沟通，告诉他们，孩子升入初中后，由于课程增多、难度增加等原因，出现不适应、成绩有所下降也是正常的。面对这些，孩子本来就容易产生很大的思想负担，家长如果再一味施加压力，甚至对孩子的态度也来个180°大转弯，必然会使孩子本来就消沉低落的情绪更加雪上加霜，并且怀疑父母不再爱自己，甚至就连过去的爱也不是真实的。孩子一旦产生了这种感觉，就会严重影响亲子感情，使亲子沟通陷入僵局。因此，在对待孩子的教育问题上，父母除了要端正心

态外，一定还要重视爱的表达方式，学会以适当的方式把自己的爱传递给孩子，让孩子真切地感受到来自父母的爱。

后来，肖旭的父母改变了对孩子的态度和教育方式，耐心地和他一起查找原因，帮助他制订了相应的学习计划。肖旭的心理压力消除后，逐渐适应了新的学习环境，成绩也有了明显的进步。更为重要的是，他和父母的关系重新变得融洽起来，放学回家后经常和父母谈起班里发生的趣事，有什么心里话也主动对父母讲。肖旭的父母专门给韩老师打电话表示感谢，说原来那个活泼、阳光、可爱的孩子又回来了。

在传统的教育方法中，父母常常会忽略孩子的情感，抱着"我是为你好"的心态对孩子严加管教，但是，孩子从中感受到的更多的是"管教"，而不是"爱"，因此很容易产生父母不爱自己的感觉。还有的父母只有当孩子达到自己的要求，比如考试取得好成绩时才给予孩子与之相适应的爱，这种做法很容易让孩子认为父母对自己的爱其实是有条件的，这对孩子的自尊心、自信心都会有不利的影响。

心理学家认为，孩子最需要的爱是无条件的爱，这种爱的需要是人类最基本的需要。当然，这并不是说要对孩子无限度地纵容，而是说对待孩子要包容、宽容，让孩子真切地感到无论是胜利还是暂时的失利，父母都会坚定地和自己站在一起，能一起分享胜利的喜悦，也能一起面对困难。"我爱你，不只

第一章 重视亲子情感交流，构建良好沟通基础

是爱着你的完美，也愿意接纳你的不完美。"这样的爱可以给孩子提供安全感，使孩子充满自尊、自信，保持乐观进取的心态。作为父母，要学会用爱的温暖慢慢串联起孩子生活、学习的整个过程，进而培养孩子良好的品质和性格。

名师提示

许多"中国式父母"不善于表达对孩子的爱，但是，如果孩子感受不到，即使父母的爱再多再浓烈，也是没有意义的，甚至还会出现反作用。只有真切感受到父母之爱的孩子，才会对生活、对学习抱有热情，拥有健康的心理。因此，作为父母，一定要有意识地用合适的方法表达自己对孩子的爱意，让孩子充分沐浴在爱的阳光中。

（1）对孩子说出"我爱你"。一句真诚的"我爱你"是传递爱的有效方式，不但能让孩子感受到来自父母的爱，也有利于孩子学会充分表达自己内心感受的方式。

（2）爱抚和拥抱孩子。亲子之间肢体的亲昵接触是表达爱最简单、最直接的方式，孩子可以从中得到生理和心理上的双重满足，有利于造就孩子健全的心理和人格。

（3）送孩子爱的礼物。赠送孩子礼物不仅能让孩子适时感受到父母的爱，还能使这份爱以"礼物"的形式直观地延续下去，随时给孩子带来温暖。

正面评价，培养孩子积极心态

教育界有这样一句话："孩子的心是块奇怪的土地，播上思想的种子，就会获得行为的收获；播上行为的种子，就会获得习惯的收获；播上习惯的种子，就会获得品德的收获；播上品德的种子，就会获得命运的收获。"这句话告诉我们，孩子良好习惯的养成、优秀品德的塑造乃至学业和事业的成功是可以通过教育来实现的，这个过程就像辛勤的园丁在一片土地上耕作，播下什么样的种子、用什么方式去培育，直接决定最终会有什么样的收获。

如果把成长阶段的孩子比作"幼苗"的话，家长和老师无疑是他们的"园丁"。学校教育的重要性自不必说，我们在这里重点要讲的还是家长（尤其是父母）如何掌握正确的教育方法，以确保我们的"幼苗"茁壮成长。

我们现在提倡赏识教育，简单地说，就是对孩子的行为多进行正面评价，赏识孩子的行为过程，从而激发孩子的兴趣，

第一章 重视亲子情感交流，构建良好沟通基础

增强他们的信心。所谓正面评价，就是对孩子多用正向的、积极的语言来进行肯定和鼓励，而不用负能量的、影响情绪的语言打击孩子的积极性，更不要用"真笨""什么都干不好"之类的话对孩子进行全面否定。

我们可以用一个例子来说明正面评价对孩子成长的重要性。

老师出了一道算术题："5-3＝？"有个孩子不假思索地在答案处写下"8"，还一脸期待地等着老师表扬自己。

请家长朋友们想一下，如果您遇到这种情况会怎么做呢？恐怕很多人会在孩子写下的答案上打上一个大大的叉，有的恐怕还会"粗心""连这都不会做吗"地训斥一番。但是，如果我们真的这样做，就会打击孩子回答问题的积极性，甚至伤害孩子的自尊心。

面对这样的情况，了解和掌握赏识教育和正面评价法的老师会对孩子说："很好，太棒了。但是这里的'－'号应该写成'＋'号。你再认真看看，是不是这样子？"在这样的引导下，孩子不但会永远记住这道题的正确答案，今后做题时也会认真起来。更为关键的是，这样的赏识性的正面评价会激发孩子的学习兴趣，使孩子保持热爱学习的积极心态。

我国教育学家陶行知先生曾经说过："教育孩子的全部秘密在于相信孩子和解放孩子。相信孩子和解放孩子，首先要赏识孩子。"如果孩子犯了一点错误，父母就给孩子"贴标签"，

说孩子"笨蛋""不用功""不细心",甚至小题大做、大动干戈地进行批评,时间久了,次数多了,孩子就会形成一种意识,认为自己就是父母说的那种不可救药的孩子。相反,如果父母能够经常对孩子做出正面的评价,肯定他、鼓励他,孩子就能保持积极、阳光的心态,增强努力进步的主观能动性,而这些,正是孩子成长道路上的动力所在。

电视纪录片《生门》中讲述过一个名叫张颖的女孩子的故事。

张颖出生后因患小儿黄疸导致脑瘫,但她的父母没有怨天尤人,而且放弃了生二胎的机会,用全部的爱照顾张颖。

相对于正常人来讲,张颖的日常生活、上学等面临更多困难,但张颖的父母始终积极乐观地支持她,每当她取得一点哪怕微不足道的进步,父母都会为她加油鼓劲。在父母的照顾和支持下,张颖完成了大学学业,有了一技之长。她利用自己学到的知识,开了一家网店,生意经营得红红火火,还和一个健康帅气的小伙子结了婚。

电视镜头里,张颖乐观开朗,待人热情、礼貌,虽然她身体有残疾,但她拥有健全的人格、积极阳光的心态,这一切,很大程度上应该归功于父母对她的赏识教育。假如没有父母长期以来对她的正面评价,很难想象她又会是一个什么样子。

美国心理学家威廉·詹姆斯有句名言:"人性最深刻的原则就是希望别人对自己加以赏识。"在长期的相关跟踪调查、

第一章 重视亲子情感交流,构建良好沟通基础

研究实验中,他还发现,如果一个人没有受到来自外界(尤其是关系密切、亲近的人)的激励和赞美,那么他的能力仅能发挥出20%至30%;反之,如果一个人受到激励和赞美,那么他就能将本身能力的80%至90%发挥出来。

在平时的生活中,我们肯定也见过许多有关赏识教育、正面评价培养出孩子积极阳光心态、激励孩子努力上进的例子。但是,仍然有许多家长教育孩子时惯用的手段是嘲笑、挖苦、打击,而很少甚至几乎不会给予孩子肯定和赞扬。当孩子出现逆反情绪、不愿意和家长沟通时,家长则简单地把这一切归结于孩子不听话、青春期、代沟,甚至还指责孩子不理解家长的良苦用心,看不到家长的辛苦付出。殊不知,孩子身上出现的种种状况很多时候是家长不恰当的教育方式、沟通方式造成的。

同样的一句话,不同的表达方式会给人带来完全不同的感受。对于孩子来说,正面、积极的评价能够给他们带来正能量,带来动力,使之保持积极、阳光的心态。反之,如果孩子总是受到指责、批评,他们就容易变得自卑、消极,甚至怯懦、畏缩不前。因此,我们要改变不恰当的教育方法,学会欣赏孩子、正面评价孩子,真正做到这些,就一定会看到孩子出现喜人的变化。

> 高效亲子沟通

名师提示

赏识教育、正面评价,并不是说一味地对孩子大加赞赏,而是要在信任、尊重、理解的基础上给予孩子鼓励,必要的时候还要在宽容孩子不足的前提下进行善意提醒。具体可从以下几个方面做起。

(1)针对细节,给予具体化的正面评价。这样做能够使孩子更清楚地知道自己哪些方面做得好、为什么好,并能将这种"好"保持下去。

(2)对孩子的努力及时进行正面评价。这样做能够使孩子感受到"努力"本身就是一件值得骄傲的事情,有利于帮助孩子保持积极向上的能动性。

(3)传递来自第三方的正面评价。当第三方(比如孩子的爷爷奶奶、邻居、朋友等)在孩子不在场的情况下夸奖孩子后,父母要把这些正面评价及时转告给孩子,这样做更能给孩子带来荣誉感和成就感。

第一章 重视亲子情感交流，构建良好沟通基础

营造良好的家庭环境以及温馨和谐的家庭氛围

每个人的成长都会经历许多阶段，从牙牙学语到步入学堂再到走上社会，是一个漫长而又充满艰辛的历程。在这个历程中，每一个作为个体的人，都要处在一定的环境之中。大到一个社会、一个时代，小到一个家庭、一所学校、一个班级，无不对一个人的成长产生巨大的影响。正如植物的成长需要肥沃的土壤、充足的阳光和水分一样，人的成长也需要良好的环境，这是一个人形成正确思想和优秀人格的基础。

说到环境对于孩子成长的重要性，在我国有一个流传了两千多年的故事——《孟母三迁》。

孟子很小的时候父亲就去世了，母亲没有改嫁，靠纺纱织布撑起了家庭的重担。孟子的家最初靠近墓地，孟子和邻居家的小伙伴经常学着大人办丧事的样子，玩哭丧、造墓、埋坟的游戏。孟母见到这种情景，认为对孩子不利，便决心搬家离开此地。

搬家后,孟子的家靠近集市,小孟子又和邻居孩子模仿集市上的商人屠宰猪羊、夸口买卖的样子。于是,孟母又把家搬到了一所学宫旁。从此,孟子所模仿和学习的便是官员们在文庙祭祀时作揖逊让、礼貌相待等礼仪方面的学问了。孟母见此深感欣慰,便一直住在这里。

孟子长大成人后,学精六艺,终于成为有名的大儒,与孔子并称"孔孟"。孟子之所以能够成为如此伟大的人物,很大程度上是由于他有一个教子有方的伟大母亲。孟母教子的故事对后世有着深远的影响,古时儿童的启蒙读物《三字经》中引用的第一个典故便是"昔孟母,择邻处,子不学,断机杼",可见历代君子贤者对孟母善于利用环境浸染教化孩子的做法都赞赏有加。

《孟母三迁》能够世代相传,家喻户晓,也从某个角度说明很多家长都意识到要想使孩子身心健康发展,首先需要为孩子提供一个良好的家庭环境。确实,在纷杂的社会环境因素中,对孩子发展影响最大、最久的便是家庭环境,因为孩子一出生最早接触的环境便是自己的家庭,并且孩子在成长阶段绝大部分时间也是和父母等家人一起度过的,家庭是孩子接触时间最长的环境。

在这个世界上,有些东西是我们难以凭个人的能力去改变的,比如社会大环境、学校的教育环境等。但作为父母,我们

第一章 重视亲子情感交流，构建良好沟通基础

有义务为孩子创造一个良好的家庭环境。这里所说的"良好"，并不是单纯地指物质方面的富足，更多的是指温馨和谐的家庭氛围，融洽信任、沟通顺畅的亲子关系，等等。

美国心理学家、教育家杜威曾说："家庭环境对孩子的成长有着决定性的影响。孩子的心灵是洁白无瑕、天真纯朴的，他们生活在什么环境中，就会被造就成什么样的人。温馨和谐的家庭氛围可以让孩子在家庭中感受到爱和归属，融洽信任的亲子关系可以让孩子愿意把心里话说给父母听。反之，则会给孩子带来不同程度的伤害。"

曾经有一家儿童心理研究机构对3000名儿童做过一次心理调查，其中有一项是"你最害怕的事情是什么"，孩子们回答最多的是"怕爸爸妈妈吵架"。

有人将夫妻吵架比喻成"两败俱伤的战争"。其实，有了孩子以后，夫妻吵架最大的输家是孩子。现实生活中我们经常可以看到这样的例子，如果夫妻双方遇到问题时能够控制自己的情绪，心平气和地去协商解决矛盾，孩子就能学会正确处理问题的方法；反之，如果夫妻双方遇到问题时针锋相对、争吵不休，孩子就会表现得焦躁、恐惧，当自己和别人产生矛盾时也会吵闹不休。更为可怕的是，不和谐的家庭氛围对孩子来讲是深重的心理阴影，并且，这种负面影响甚至会影响到孩子的一生。

高效亲子沟通

美国的一项心理研究证明，在家庭成员之间关系恶劣、家庭氛围不和谐的家庭中长大的孩子，很容易出现性格缺陷和心理问题，成年后患抑郁症的概率更大，严重的甚至有自杀倾向。

在综艺节目《我家那小子》里，演员武艺曾说到自己小时候经常见父母吵架，甚至有时在睡梦中被父母的吵架声惊醒，这使他感到深深地害怕，性格也变得越来越内向，甚至成年后害怕谈恋爱，因为在父母争吵中长大的他，对自己的婚姻缺乏信心。

我们经常说，父母是孩子的第一任老师，家庭是孩子的第一个课堂。确实，在孩子成长的过程中，最深刻的影响往往来自于家庭，来自于父母。我在多年的教学生涯中，见过很多家庭环境对孩子造成影响的例子，正面的反面的都有。相信很多家长朋友对此也深有体会。

电视剧《欢乐颂》中，樊胜美说，关雎尔一看就是成长在和谐家庭中，被父母呵护长大的孩子，家教良好、温润如玉，是最幸福的也是最容易被人喜欢的。不像那些关系不和谐的家庭中的孩子，什么都要自己学，什么都要自己去摸索，会走很多弯路。

许多网友表示，这段台词说得很精辟，使人联想到了现实生活中许多类似的例子。是呀，现在，很多人在谈论"原生家庭的伤害""童年阴影"等问题，其实说的就是家庭环境对孩

第一章 重视亲子情感交流，构建良好沟通基础

子成长的影响。当然，作为成年人，我们不应该把生活中的种种不如意统统"甩锅"给"原生家庭的伤害"。但是，在这里有必要强调一下的是，作为成年人，作为父母，我们有责任给我们的孩子创造一个良好的原生家庭，尊重并爱护孩子，尽量减少孩子的童年阴影。要知道，和谐温馨的家庭氛围，是对孩子最好的教育，也是孩子成长最直接、最强大、最持久的动力，可以给孩子足够的安全感，让孩子心无旁骛地投入到学习中去。同时，家长还要注意多主动与孩子沟通，成为孩子亲近和信赖的朋友，只有这样，当孩子遇到生活和学习等方面的难题时，才会愿意向父母倾诉，征求父母的意见，听取父母的建议，就不会什么事都自己憋在心里，什么事都靠自己去摸索了。

名师提示

家庭是孩子成长的第一环境，一个家庭是否和谐、温馨，直接决定亲子关系是否融洽，亲子沟通是否顺畅。作为称职的父母，我们必须为孩子提供一个良好的家庭环境，并对孩子进行合理的引导，帮助孩子形成健康的心理与良好的行为习惯。

（1）保持家庭和谐美满，让孩子感受到和谐、宽松的家庭氛围。家庭成员间有矛盾时，尽量和平解决，即使争吵，也要尽量避开孩子。

（2）创造良好的学习环境。在孩子学习的时候，要尽量为孩

子排除一切干扰孩子学习的因素,让孩子能全神贯注地学习。

（3）营造浓郁的家庭学习氛围。俗话说,言传不如身教。家长要以身作则,为孩子树立一个热爱学习的好榜样,在家中营造爱学习的氛围,从而带动孩子提高对学习的兴趣。

第二章

走进孩子的内心，让沟通变得更为畅通

高效亲子沟通

耐心倾听，使孩子愿意敞开心扉

在人际交往中，倾听是一种非常重要的沟通方式。大家应该有这样的体验：当我们和别人交谈时，如果对方认真专注地倾听我们讲话，我们就会愿意与之交流；反之，如果对方一副心不在焉的样子，或者只顾自己喋喋不休地讲，频繁打断我们讲话，那么我们肯定会心生厌烦，不愿意再和他交流。因此，有人说，善于倾听的人就善于沟通，在人际交往中也最受欢迎。同样道理，如果一个家长在与孩子沟通的过程中，能够耐心倾听孩子的心声，也就会成为受孩子欢迎的家长。

倾听是亲子沟通的金钥匙，也是建立良好亲子关系的基础。父母要想与孩子融洽相处、流畅沟通，首先必须耐心倾听。教育学家周弘曾说："要想与孩子沟通，就必须学会倾听。倾听是和孩子有效沟通的前提，不会或者不知道倾听，也就不知道孩子究竟在想什么。如果连孩子想什么都不知道，又谈何沟通呢？"但是，很多家长认识不到倾听在亲子沟通中的重要性，

第二章 走进孩子的内心，让沟通变得更为畅通

以工作忙、没时间，或者孩子小、思想幼稚等理由，要求孩子"听话就行了"。于是，家长和孩子之间就形成了单方面的"管教"与"被管教"的关系，而没有真正意义上的亲子沟通，这对孩子的成长是非常不利的。

我女儿上幼儿园时，班里有个叫涵涵的小朋友，非常内向，不喜欢和别的小朋友玩，也不爱说话，有的时候说起话来还有点口吃。我发现这个情况后，就向老师了解情况。老师说，涵涵口吃更像是心理因素，因为他并不是在所有的时候都口吃。老师还告诉我，涵涵的爸爸妈妈都很忙，有点顾不上照顾他的样子，孩子内向可能与此有关。

听老师介绍了这些情况后，我爱管闲事、好为人师的"毛病"就犯了，因为我不愿意看到因为家长的原因给孩子的成长造成遗憾。我找机会和涵涵妈妈聊了一次，果然如老师所说，她和涵涵的爸爸都很忙，孩子放学回到家后往往是一个人玩，和父母的交流很少。涵涵妈妈说，刚上幼儿园的时候，涵涵放学后还主动跟她说说在幼儿园都干什么了，但是她总是顾不上听，经常是敷衍几句就打发他自己去玩。后来，孩子也就不说那么多了，并且不知道从什么时候开始，说话也变得有点口吃。

那天，我和涵涵妈妈说了很多，她也认识到孩子的内向、语言表达能力欠缺其实都与不当的教养方式有关。后来，涵涵妈妈告诉我，她和涵涵爸爸约定，放下一部分工作，腾出时间

陪伴孩子，主动与孩子交流、沟通，耐心听孩子讲话，哪怕觉得孩子讲的内容无聊、幼稚，也要鼓励孩子多讲。经过一段时间的坚持，涵涵的情况好转了很多，不仅不再口吃，口头表达能力有了很大提高，性格也变得活泼、开朗了。

陪伴孩子成长需要付出大量的时间和精力，孩子除了需要生活方面的照顾外，更需要和父母进行沟通和交流。对孩子来说，父母能够随时关注他们、倾听他们的心声，就能使他们感受到父母的尊重，这是对孩子心理的一种重要的支持，对其自尊心、自信心的建立都大有裨益。如果父母总是表现得不耐烦听孩子讲话，孩子就难以感受到来自父母的温暖，取而代之的往往是冷漠和压力，这对孩子的心灵和情感是一种伤害。因此，父母要学会做倾听者，让孩子把自己想说的话说出来。如果孩子想交流时，父母确实没有时间，也要和孩子解释，并约定另外的时间再沟通。

美国前第一夫人米歇尔·奥巴马曾说过："父母在家中最重要的责任是倾听，以及在需要时给予鼓励。"她之所以这样说，是根据自己的成长经历有感而发。

米歇尔的父亲是一名水管工，母亲全职在家照顾孩子。他们没有最科学、最专业的教育理念，但却非常懂得陪伴孩子，尤其是米歇尔的母亲，始终用自己特有的温柔的方式和孩子进行沟通，给孩子充裕的成长空间，使孩子自信、健康地成长。

第二章 走进孩子的内心，让沟通变得更为畅通

米歇尔上小学二年级的时候，班里课堂纪律很差，总是乱哄哄的，老师也对这个班的孩子失去了信心，总是说"这是一帮坏孩子"。那段时间，米歇尔经常向母亲抱怨老师，每次，她母亲都是静静地听着，从来没有因为米歇尔说老师不好而训斥过她。并且，母亲还告诉米歇尔："你有权利不喜欢你的老师，但是老师讲的知识，你要掌握。"

后来，学校对米歇尔所在班级的孩子进行了一连串的考试，把米歇尔及其他几个表现好的孩子转到了另一个班级。直到这时，米歇尔才知道，母亲已经数次找到学校，和学校校长进行了多次交涉，这一切都是母亲努力的结果。

米歇尔后来回忆说："母亲并不纵容我的怒火，但会认真对待我的沮丧。这件事情改变了我的一生。"正是米歇尔母亲的耐心倾听，给予了米歇尔满满的爱，她才能充满自信，活成了自己希望的模样，从一个平民姑娘蜕变成美国第一夫人。

法国教育学家帕梅拉·德鲁克曼说："即使孩子有不对的地方，父母也有责任倾听并且领会他们的动机。孩子有不同寻常的反应时，背后一定是有原因的。父母应该认真倾听孩子，并向他们解释这个世界。"

孩子在成长的过程中，难免遇到各种各样的问题。父母的耐心倾听对于孩子来说是一种很好的心理抚慰。我们经常说"有什么事说出来就好了"，其实，孩子遇到的许多"成长的烦恼"

033

高效亲子沟通

需要宣泄,对孩子而言,最好的安慰方式,就是先听他把话说完。如果父母能够做一个合格的倾听者,耐心地听孩子把话说完,让孩子体会到关爱和温情,并及时给孩子提出建议、提供帮助,就能有效化解孩子心中的负面情绪,减轻孩子的心理压力,使孩子的内心得到滋养和疗愈。

作为父母,只有用心倾听孩子的倾诉,知道孩子内心的想法,才能捕捉到有效信息,从而找出问题所在,找准教育的切入点,有针对性地给予孩子关心和帮助,使亲子沟通变得通畅、有效。比起一味地要求孩子"听话",听孩子把话说完,才是为人父母者的必修课。

名师提示

在亲子沟通中,耐心倾听是一种技巧,甚至是一门艺术。父母认真倾听孩子的诉说并及时回应,对加深亲子关系大有裨益,并且有助于增强孩子的自信心和安全感。在倾听孩子说话时,要注意以下几个方面:

(1)对孩子的谈话要表现出感兴趣。在倾听孩子谈话时,要集中精力,要和孩子有目光的交流,对孩子讲的内容要回应,要表现出感兴趣,不要心不在焉、敷衍了事。

(2)不要轻易打断孩子的倾诉。在倾听的过程中,父母要保持平和、宽容的心态,不要因为孩子讲的内容不合自己的心意就随

第二章 走进孩子的内心,让沟通变得更为畅通

意打断,甚至斥责孩子。要鼓励孩子把话讲完,弄清楚问题所在,再有的放矢地对孩子进行引导和教育。

(3)如果在和孩子的沟通过程中出现不顺畅的情况,不妨采用冷处理的办法,也就是先放一放,和孩子约定一个另外的时间再沟通,在此期间双方都冷静一下,调整一下情绪。

高效亲子沟通

真诚夸奖，滋润孩子的心田

我们经常说，好孩子是夸出来的。每个人都渴望得到他人的肯定和认可，孩子更是如此。适时、适当的夸奖就像点燃人生信念的火把、照亮希望的灯塔，能够激发人内心深处积极的正能量。孩子能否树立自信心和自尊心，与别人（尤其是家长、老师）对他的评价有直接的关系。在一个孩子的成长过程中，如果能经常收获到别人对其积极肯定的评价，那么这个孩子的自信心和自尊心就能得到增强；反之，就会自卑。

相信许多家长朋友都知道爱迪生小时候的故事。

爱迪生19世纪出生于美国，他一生的发明共有两千多项，拥有专利一千多项，曾被美国的权威期刊《大西洋月刊》评为影响美国的100位人物第9名，被誉为"人类历史上最伟大的发明家"。但就是这样一个伟大的人物，童年时却被赶出了学校，原因就是他的求知欲特别强，对见到的所有事情都要问"为什么"，老师怀疑他是低能儿，同学们也因此嘲笑他。但是幸

第二章 走进孩子的内心，让沟通变得更为畅通

运的是，爱迪生的妈妈南希并没有因此对儿子丧失信心，相反，面对儿子刨根问底的天性以及他提出的各种稀奇古怪的问题，她总是采取积极的应对态度，夸奖小爱迪生善于思考问题，鼓励他想方设法寻求答案。可以说，假如没有妈妈的夸奖和鼓励，爱迪生就不可能有那些改变世界的伟大成就。

心理学大师鲁道夫·德雷克斯曾经说过："孩子需要鼓励，就像植物需要水！"我们现在强调对孩子要进行赏识教育，其主旨就是对孩子要多夸奖、多鼓励，少批评、少责骂。孩子幼小的心灵往往是敏感而又脆弱的，简单粗暴的教育方式很容易对孩子造成伤害，而恰当及时的夸奖和鼓励则可以激发孩子的上进心，增强孩子的自信心。尤其是来自父母等最亲近的人的夸奖，对孩子来讲更是最具有能量的动力，往往会带来意想不到的作用和影响。作为家长，我们不仅要给孩子提供衣、食、住、行等物质方面的保障，更要担负起另一个重要的责任，那就是用夸奖和鼓励给孩子提供精神层面的营养，帮助孩子认识到自身的优点，培养积极向上的心态。

再给大家讲一个真实的例子。

有一年新学期开始，我接手了一个新班。孩子们来到一个新的集体，难免表现得兴奋和好奇。但是，我注意到，有一个叫张晨浩的孩子却显得有些兴味索然，好像对周围的一切都没什么兴趣。于是很自然地，我就对这个孩子多了些关注。随着

高效亲子沟通

对班级情况的渐渐熟悉，我发现小浩这个孩子很聪明，但就是对什么事情都缺乏积极性，总是一副得过且过的样子。我试着和他谈心，他也有意无意地回避着话题，倒弄得我挺纳闷的：一个十多岁的孩子，怎么就像个小老头儿似的，没有这个年龄段的孩子应有的活力呢？

开学一个月后，学校开家长会，我特意通知张晨浩的父母都要参加。这是我第一次见到张晨浩的父母，两位一看就是"成功人士"，不仅派头很足，而且浑身洋溢着一种难以描述的热情，和他们的孩子反差有点大。凭借多年的教学经验，我暗自判断，张晨浩之所以缺乏活力，很可能正是源于这种反差。

家长会后，我让张晨浩的父母留下，继续开了个"小型家长会"。说到孩子的表现，两位家长也很无奈。他们说，当年他俩都是一路学霸拼搏过来的，本以为孩子能"青出于蓝而胜于蓝"，没想到却是个混日子的。平时在家他们对孩子也是各种督促，急了还免不了声色俱厉一番，但就是不起作用，实在令人头疼。

那天，我和张晨浩的父母进行了一次长谈，后来，他们也认识到，也许正是他们的优秀和高要求给孩子造成了难以排解的压力，当孩子发现无论自己如何努力也满足不了父母的期望时，会失去努力的动力和信心。我对张晨浩的父母说，要想让孩子改变现状，做家长的首先要改变教育方式，对孩子要多表

第二章 走进孩子的内心，让沟通变得更为畅通

扬多鼓励，激发孩子的进取心。他们认可了我的说法，表示会积极配合老师，做好对孩子的教育工作。

后来，我又多次找机会和小浩谈话，他也终于敞开了心扉。他说，自己有一对学霸爹妈其实很痛苦。在爸妈看来，他理所应当该优秀，从小到大，无论自己干什么，爸妈总能挑出毛病。"既然不管我咋样他们都不满意，那我干脆就不费那劲了，爱咋样就咋样呗。"

找到问题的症结所在后，我对小浩进行了正面的引导，告诉他，父母的做法确实有不妥之处，他们已经意识到自己的错误，并且在努力改正。希望他也对父母多一点理解，更重要的是，要学会对自己的人生负责。

一段时间后，小浩的状态有了明显的改善。他主动对我说，他爸妈不再像过去那样总是批评他，现在能看到他的优点和进步了，并且还经常表扬他，虽然有时候他感到有些不好意思，但心里还是美滋滋的，很多时候还想，自己还能做得更好。

从这个例子可以看出，对于孩子来说，来自家长、老师的夸奖和鼓励是努力的最大动力，反之，无度的高压和批评则会打击孩子的进取心，严重时还会使孩子失去自信。我们经常说，自信是打开幸福和快乐的钥匙，也是通往成功道路的关键因素。为人父母最大的责任就是帮助孩子建立积极向上的意识，让孩子自信地展示自我。一位亲子教育专家曾说，一个孩子的成长

> 高效亲子沟通

过程中，需要父母千百次地肯定，这是孩子建立自信心的源泉。

李健是大家熟悉和喜爱的歌手，被誉为"音乐诗人""清华才子"。他在谈起自己的成长经历时说，小时候他是一个非常调皮的孩子，学习成绩并不理想。后来升入中学后，在一次考试前偶尔认真学习了一番，考取了较高的分数，赢得了家长和老师的轮番表扬，自己也很开心，于是，学习的积极性越发高涨，并且越学越感兴趣，成绩也越来越好，最终保送进入清华大学。

在多年的教学生涯中，我也遇到过不少这样的例子，现在还经常有教过的学生对我说："老师，就是你那次的表扬让我对学习有信心了。"可见，家长、老师的夸奖和鼓励是让孩子获得自信的最好方法，适时、适当的夸奖和鼓励能够帮助孩子勇敢地向信念和追求迈进。

名师提示

现在，越来越多的家长朋友认识到夸奖、鼓励等正面激励在亲子沟通中的重要性，但是，也有很多朋友困惑于不知道该怎样夸孩子，甚至害怕不恰当的夸奖会起到反作用。总的来说，夸奖孩子时应该注意以下两点：

（1）夸奖孩子的努力。对于孩子来说，每一点进步都需要付出努力，家长应该时刻关注孩子的努力以及取得的进步，并及时有

第二章 走进孩子的内心，让沟通变得更为畅通

的放矢地进行表扬和鼓励，和孩子分享进步的喜悦。

（2）夸奖孩子时要具体一些。有的家长夸奖孩子时总是说"真棒""好孩子"等，时间久了就很难引起孩子的共鸣，因此夸奖孩子时要尽量具体一些，让孩子知道父母确实是关注到了自己的闪光点，这样夸奖的目的就达到了。

高效亲子沟通

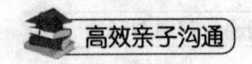

多一些宽容，善待孩子的不足之处

拿破仑·希尔是全世界最早的现代成功学大师、励志书籍作家，他的作品曾经影响美国两任总统及千百万读者。在谈到家庭教育的问题时，他说："每个孩子都有许多优点，父母却总是盯着孩子的缺点，认为只有管好孩子的缺点，才能让孩子更好地成长，其实这样做就像蹩脚的工匠，是不可能造出完美的瓷器的。"

这段话值得所有的家长朋友们深思。是呀，每个人都有其复杂性，不会只是一个简单的平面。俗话说得好，"人无完人，金无足赤"。即使是成年人，也不可避免地会有这样那样的缺点，更何况正在成长的孩子。再优秀的孩子，也不可能是十全十美的，难免会在某些方面存在不足甚至缺陷。如果家长只把关注点放在孩子的缺点和不足上，不但会徒劳无功，还会伤害孩子幼小的心灵。反之，如果我们能时刻看到孩子的进步和闪光点，并及时给予赞赏和鼓励，就能指引孩子规范自己的行为，使孩

第二章 走进孩子的内心，让沟通变得更为畅通

子在不知不觉间变得更加自信、更加优秀。

著名歌手、音乐人周杰伦是新世纪华语歌坛领军人物，被时代周刊誉为"亚洲猫王"。他的唱片在亚洲的销量超过3100万张，有"亚洲流行天王"之称，曾引领华语乐坛革命整整十年，改写了华语乐坛的流行方向。但就是这样一个歌坛传奇人物，小时候却与传统概念中的"好孩子"相去甚远。

周杰伦自幼性情孤僻，甚至显得有些怪异。但他妈妈并没有盯着他的这个"不足"不放，相反，她敏锐地发现自己的儿子在音乐方面有着特有的感觉和天赋。于是，在周杰伦刚刚4岁时，妈妈便让他学习钢琴。然而，虽然周杰伦的钢琴学得很好，但其求学的道路却是一路坎坷。先是中考时没能考上普通高中，只好去一家私立学校的音乐班就读；到了高考时，又两次报考台北大学音乐系，都没有被录取。

虽然周围的人都对周杰伦非常不看好，甚至把他当成反面教材来教育自己的孩子，但他妈妈始终对他说，文化课成绩不好也许是他的缺点，但这些缺点存在的同时，他的优点也很突出，那就是他在音乐方面的才华，以及多年来对音乐锲而不舍的热爱和追求。在妈妈的鼓励和督促下，周杰伦始终没有放弃自己的梦想，即使是在餐厅当服务生时，他也把省吃俭用攒下的工资拿去买唱片。后来，他到一家音乐公司当音乐助理，经过多年的坚持和历练，终于凭借专辑《Jay》顺利出道，获得台湾当

年最佳流行音乐演唱专辑、最佳制作人和最佳作曲人三项奖项，一举成名。

伟大的文学家、哲学家泰戈尔说过："不是锤的敲打，而是水的载歌载舞，使鹅卵石臻于完美。"对于孩子来说，家长和老师的宽容、赞赏、鼓励就像"载歌载舞的水"，能够带来成长的动力。假如周杰伦的妈妈只是关注他身上的缺点，而不去发现他的优点和天分，不去鼓励他追逐梦想，那么很难想象他的人生又会是什么样子。

也许有的家长会说，发现孩子的缺点和不足却不管，那不是纵容孩子吗？在这里要强调一下，善待孩子的不足并不等同于纵容孩子，这涉及到教育孩子的方式方法问题。咱们还拿家长们最关心的学习成绩来举例子，比如说，一个孩子考试考砸了，家长电闪雷鸣地训斥一番，或者抱着顺其自然的态度不闻不问，都不是理智的做法。因为这时候，孩子自己也正因为成绩不好备受失败的打击，前者会增加孩子的心理负担，甚至引起逆反情绪，使孩子产生"破罐子破摔"的心态；后者则会使孩子产生侥幸心理，感觉反正没人管，学不学习无所谓。很显然，这两种结果都是对孩子非常不利的。

我曾经的一位学生家长在这方面的做法就很值得借鉴。

我们学校的老师，尤其是班主任，一般都是跟班走，也就是说要把一班的孩子从入校一直送到毕业，这样可以使老师和

第二章　走进孩子的内心，让沟通变得更为畅通

学生以及学生家长之间比较熟悉，有利于教学工作的展开。我曾经教过一个孩子，入班时成绩一般，但毕业时是全校第一名，顺利进入一所知名985院校，进步之大令人惊叹。

我们学校是省重点高中，也是传说中的"三甲"（全省排名前三）之一，能考到这所学校的学生，可以说都是一路过五关斩六将拼杀过来的，有些学生小学、初中便就读于名校。有时候，非名校"出身"的学生似乎会有自卑感，不愿意提及自己的小学和初中。但是，这个孩子却不同，虽然她的小学和初中很普通，但她给同学们做自我介绍时总是大大方方地说自己的母校，并且学习积极性也很高。有一次，我找机会和她聊起这个事情，她告诉我，她妈妈对她说，和那些从小就在名校就读的同学比，她的起点确实比较低，但是如果把这个事情反过来想，现在，大家考入了同一所高中，可以共享同样的教学资源了，起点低不就意味着进步更大吗？

听了这个孩子的话，我很佩服她妈妈引导孩子的艺术，一句看似简单的话，不仅消除了孩子可能产生的自卑感，而且起到了很好的激励作用。其实，很多时候就是这样，家长一句恰到好处的鼓励，会成为孩子努力进取的动力源泉。假如这个孩子的家长强调的是孩子基础差、成绩平平、和同学存在差距，势必给孩子造成心理压力，孩子非常容易产生自卑和畏难的情绪，那么不仅不可能取得这么大的进步，更重要的是可能对孩

高效亲子沟通

子心理产生永久的负面作用。

心理学上有一种行为矫正疗法叫作"阳性强化法",也称"正强化法"或"积极强化法",简单地说就是通过及时奖励正面行为、忽视或淡化负面行为的方法,来促使被矫正者建立某种良好行为。可见,对孩子采取包容的态度,善待其缺点和不足,有利于孩子的成长,这不仅仅是经验之谈,而且是有科学依据的。正如我们经常所说,人的潜能是被激励出来的,孩子更是如此。为了我们的孩子能有一个美好的未来,家长们要做到用赏识的目光看待孩子的优点,而不要用挑剔的眼光找孩子的毛病,更不要用放大镜看孩子的缺点。

名师提示

从辩证法的角度来讲,任何事物都存在两面性,并且会随着一定的外界条件而转变。对于孩子表现出的优点和不足同样如此。家长作为孩子人生道路上的引导者,要学会和做到正确面对孩子成长过程中的曲折变化,宽容孩子的缺点。要想做到这些,大体来讲,可从以下几个方面做起:

(1)接受人与人之间存在差异这个事实,正确面对孩子不够优秀的一面。

(2)要学会寻找和放大孩子的闪光点,帮助孩子取长补短,发挥自己的优势。

第二章 走进孩子的内心,让沟通变得更为畅通

（3）宽容孩子的缺点并不是不讲原则,无视孩子的缺点和错误,而是指不要对孩子一味挑剔指责,要帮助孩子克服和改变自身弱势的一面。同时还要用鼓励和欣赏增强孩子的自信心,鼓励他们尽力发挥自身特长。

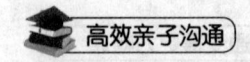

给孩子改正错误的机会和空间

俗话说:"人非圣贤,孰能无过?"每个人一生中都难免犯各种错误,正在成长阶段的孩子更是如此。有些家长总是希望孩子能够不犯错,在发现孩子犯错误的时候会恨铁不成钢地严加管教。但是可惜的是,"让孩子不犯错"这种想法本身就是不切合实际的,世界上没有不犯错误的人。孩子犯了错就严厉惩罚的做法也比孩子犯错本身可怕得多。

可以说,每个人都是在"犯错误——发现错误——改正错误"的过程中不断进步的。孩子犯错误本身并不可怕,但如果家长缺少宽容和理解,对孩子一味训斥、指责,则很容易造成各种不好的后果。比如,孩子以后再犯错误时会因惧怕而设法隐瞒,孩子为了避免犯错变得谨小慎微,甚至发展成讨好型人格,孩子出现逆反心理故意和父母对着干,孩子因经常受责骂引发心理问题,等等。

孔子曾夸奖其弟子颜回"不迁怒,不贰过",认为"不把

第二章 走进孩子的内心，让沟通变得更为畅通

自己的怒气转移到别人的身上，不重复犯同样的过错"是难得的优良品质。可见，孔子对其弟子的要求不是"不犯错"，而是"知错必改"。当发现孩子犯了错误时，家长应该做的是引导孩子认识到自己的错误所在，教给孩子"知错能改就还是好孩子"的正确观念，并培养孩子有错必改的勇气。

著名教育家、思想家陶行知先生用四块糖果教育犯错学生的故事，是教育学上有名的案例。

抗日战争时期，陶行知先生在四川省创办了专门接收难童的"育才小学"，并亲自担任校长。一天，陶行知先生在操场上看到一个叫王友的男生用泥块向同学投掷，于是立即制止，并要求王友放学后去校长室。

放学后，王友心怀忐忑地来到校长室，没想到陶行知先生不但没有开口批评他，反而拿出一块糖果递给他，说："这是奖励你的，因为你按时到了。"接着，陶行知先生又拿出一块糖给王友，说："这块糖也是奖励你的，因为刚才我不让你打同学，你马上就停下了，说明你愿意改正错误，也很尊重我。"随后，陶行知先生又拿出第三块糖果，说："你回教室上课后我了解了一下，你之所以打那个同学，是因为他欺负女同学了，从这一点来说你很有正义感，值得奖励。"

王友本来觉得自己肯定要挨一顿训斥，没想到校长一连奖给自己三块糖果，并且说出了奖励每块糖果的理由，王友又感

动又羞愧，哭着说："校长，我错了。我不该打同学。就算同学有错，我打人也不对。"

听王友这么一说，陶行知先生又拿出第四块糖果递给他，说："现在你已经知道自己错在哪里了，相信你以后一定会改正，这块糖是奖励你认错的。我们的谈话到此结束，你回去吧。"

在这个小故事中，陶行知先生对犯了错误的学生没有采取简单的斥责、惩罚的方式，而是在及时制止后采取冷处理的方式，让学生先回教室上课，等放学后再到校长室谈话。这样做就给了犯错学生冷静、反思的时间和空间，为下一步的批评教育做好了铺垫。同时，陶行知先生又利用这个时间去了解学生打架的原因，搞清楚事情的来龙去脉，这样学生就不会因为感觉自己受了委屈而不服气。最后，陶行知先生从"守时""尊重师长""有正义感""勇于承认错误"几个方面对这个学生进行肯定和表扬，并一一予以奖励，从而在维护学生自尊的前提下，使之自觉地认识到自己的错误所在，并发自内心地愿意改正错误。从始至终，陶行知先生没有说一句批评教育学生的话，但却达到了批评教育的目的。

陶行知先生这一系列"神操作"，堪称教科书般的教育方法，充满了智慧，不愧是大家风范，值得每一位家长朋友学习。

毛泽东在《论十大关系》中这样说："人是要帮助的，没有犯错误的人要帮助，犯了错误的人更要帮助。人大概是没有

第二章 走进孩子的内心，让沟通变得更为畅通

不犯错误的，多多少少要犯错误，犯了错误就要帮助。只看，是消极的，要设立各种条件帮助他改。"

"要设立各种条件帮助他改"是一代伟人的领导艺术，值得每个人，尤其是家长朋友推崇和坚持运用。因为，当孩子做错事时或者遭遇挫折、遇到困难时，父母的理解、支持和包容，会是他们"疗伤"的良药，也是他们重整旗鼓最有力的底气。

儿童心理学博士托德老师说："每个孩子在犯错后，心里都会充满内疚、羞愧与自责，并且会试图去弥补。父母放弃劈头盖脸地责备孩子，孩子才会把注意力集中在如何补救和改变上。"

近年来，屡有一些孩子在犯了错误后自杀的极端事件发生，当然，每个事件背后都有着复杂的原因，但其中有很大一部分原因是由于惧怕随之而来的责骂和惩罚，导致这些孩子轻易地走上了绝路。

有一个青少年心理辅导老师曾讲过两个真实的案例：

一个女孩在高一时早恋了，两个孩子一时冲动偷尝了禁果，女孩怀孕了。确定了这个结果后，女孩很惶恐，涉世未深的孩子不知道该如何处理，便试探地对妈妈说班里有一个同学怀孕了。听了女儿的话后，母亲瞬间暴怒："小小年纪就干这种事，真是没有廉耻！以后离她远点，我的孩子不能有这样的朋友。"见妈妈是这种态度，女儿更加害怕，但还是抱着最后一线希望

问:"那如果出事的是我呢?"母亲不假思索:"那你就去死吧,我宁肯没有这样的女儿。"几分钟后,这个女孩从阳台跳了下去,当场身亡。

另一个女孩发生了同样的事。刚开始,她同样不敢告诉妈妈,但细心的妈妈注意到了女儿的反常,在妈妈耐心的询问下,女儿说出了实情。得知发生了这么大的事,妈妈不由得流下了眼泪,但她没有责怪女儿,反而紧紧地把女儿拥入了怀中,说:"傻孩子,出了事怎么不告诉妈妈呢?"那一刻,女孩在妈妈的怀里放声大哭,连日的担忧、恐惧都被妈妈的包容渐渐淡化。后来,这位妈妈带女儿去了医院,又悄悄找了老师和男孩的家长,把事情做了一个了结。女孩养好身体重新回学校时,对母亲说:"谢谢你,妈妈。你给了我尊严,我要还你一个奇迹。"从此后,女孩加倍努力学习,最终考入了一所全国重点院校。

在这两个案例中,面对同样的事情,家长不同的态度和反应,导致了截然不同的结局。中国有句古话:"浪子回头金不换。"也就是说,对于每一个犯错误的人来说,知错、改错的本身就是值得肯定、值得赞扬的。许多伟人贤士也都曾对如何看待"犯错""改错"问题发表过自己的见解。被孔子称为"瑚琏之器"的子贡说:"君子之过也,如日月之食焉:过也,人皆见之;更也,人皆仰之。"意思是说:君子出现过错,就像太阳、月亮发生日食、月食一样,是很正常的,每个人都可以看见;改正的时候,

第二章 走进孩子的内心，让沟通变得更为畅通

也会人人仰望、崇敬。

既然心智成熟的成年人，甚至道德高尚的"君子"尚且会犯错误，那么正在成长阶段的孩子就更难免有犯错的情况发生。作为家长，我们需要注意和学习的是如何与孩子沟通，给予孩子正确的引导，尽量避免孩子犯错，以及当孩子犯错后如何帮助孩子认识到错误，帮助孩子改正错误，同时尽量减少错误本身给孩子带来的伤害。

名师提示

当孩子犯了错误时，教育要以让孩子认识错误、改正错误为目的，作为家长，要注意方式方法，不能以牺牲孩子的尊严为代价。

（1）家长不要轻易对孩子的错误下定论，不要让孩子感觉自己的错误是不可饶恕的，没有改正的机会和余地。可以让孩子先反思和总结一下，然后家长再在此基础上进行纠正，并做出相应的解释，这样可以使孩子容易接受并印象深刻。

（2）给孩子留出缓冲的时间。认识错误、改正错误都会有一个过程，需要一定的时间，家长不要急于求成，更不要用高压式、暴力式的教育方法强制孩子，这样做即使孩子口头上表示接受和服从，往往也是"口服心不服"，并且容易产生各种负面作用。

高效亲子沟通

正确理解、谅解孩子的逆反心理

在每个孩子的成长过程中,都会出现两个比较明显的反抗期。第一反抗期是在孩子两三岁左右;第二反抗期一般出现在初中阶段,也就是青春期开始的时候。这两个反抗期各有特点。第一反抗期孩子的自我意识增强,争取自我主张,要求活动自由,比如"我就要穿这件衣服""我要自己吃饭"等。第二反抗期是第一反抗期的"升级版",是孩子对独立自主全面性的要求。这个时期的孩子,独立意识和成人意识开始觉醒,不再像小时候那样满足于父母安排自己的生活,强烈渴望摆脱家长的束缚,希望能够按照自己的意愿做事情。

面对反抗期的孩子,很多家长会感到很无奈,尤其是第二反抗期的孩子,逆反心理往往比较严重,本来温顺可爱的孩子开始变得倔强固执、容易激动、爱发脾气,有的还故意和父母唱反调,父母让做什么故意不去做,不让做的事情偏要做。因此,在这个时期,父母和孩子之间以往建立的默契感不复存在,甚

第二章 走进孩子的内心，让沟通变得更为畅通

至一点微不足道的小事就会引发"家庭战争"，结果就是家长感觉沮丧、失败，对自己的教育能力表示怀疑；孩子感到委屈、愤怒，认为父母一点都不理解自己。这样就造成了"双输"的局面，严重的还会陷入"家长越管教，孩子越不听；孩子越不听，家长越管教"的死循环之中。

举一个很小但很常见的例子。

孩子在上小学时，放学了会盼着父母去接自己，如果一出校门看到父母等候在门外，会高兴得不得了，有时还会对着小朋友显摆。但是孩子上了初中以后，如果父母还坚持要接送，孩子往往会拒绝。假如说孩子不让父母在放学时去接他，但是父母"擅自"去了，孩子就会不耐烦，要么不理父母，要么甩脸色给父母看。

我问过我们班的孩子，爸妈好心好意来接，为什么会不高兴？大部分孩子的答案是"没面子"，因为感觉自己已经长大了，家长还恨不得跟班似的时刻出现在眼前，会被同学笑话，给自己丢人。有的孩子甚至认为家长坚持接送，其实不是为了方便、安全，而是为了控制自己，相当于跟踪，"当然要反抗啦"。

很多家长不理解、不谅解孩子的逆反心理，认为自己都是为了孩子好，孩子还不领情，就是不懂事。于是，就采取高压措施，用训斥、责骂等方式对孩子进行打压，希望孩子能"听话"。但是，这样做的结果往往适得其反，很多孩子因此走上了逃学、

离家出走甚至违法犯罪的道路。家长对此一定不可大意。

教育、引导孩子需要了解和遵循孩子的成长规律,不能和孩子戗着来,否则即使出发点再好也会出问题。其实有一个很简单的办法,当您感到逆反期的孩子令人头疼时,不妨想一想自己当年是什么样的状态、对待父母的管教是什么样的心态。这样换位思考一下,往往会发现,在反抗期这个特殊的阶段,孩子出现一些状况是很自然的事情,作为家长要做的是因势利导,而不是盲目打压。

在很多时候,孩子之所以表现出逆反心理,跟父母的教育方式有很大关系。孩子的成长需要空间,需要别人(尤其是父母)的尊重和理解。如果父母总是对孩子提出各种要求,事无巨细都要孩子"听话",甚至试图包办孩子的成长,孩子就会感到压抑,就会反抗。因此,当孩子出现状况时,家长首先要反省一下,看问题是不是出在自己身上。

资深心理咨询师武志红曾经讲过一个案例。

某重点师范大学的一对教授夫妻对他们的儿子期望甚高,精心为儿子设计了一套"人生发展规划",并要求儿子严格按照这份规划去做。由于天资聪明,又有父母每天的耳提面命,孩子在小时候确实表现比较优秀。但是,随着孩子逐渐长大,这种束缚式的教育方式引发了许多问题,孩子开始抵触父母的各种要求,最终发展到厌学。

第二章 走进孩子的内心，让沟通变得更为畅通

孩子勉强坚持读完了高中，高考时没能考上重点大学。这个结果对于他的父母来说是难以接受的，于是就逼着孩子复读。但是，"高四"的复读生活给孩子造成了更大的压力，就在参加完第二次高考后，孩子选择了跳楼自杀。

这种极端的案例总能引起大家，尤其是为人父母者的唏嘘。但是，许多家长其实也正在犯着这个案例中的父母所犯的错误，那就是一味地按照自己的意愿去要求孩子，把自己的梦想强加在孩子身上，而不去考虑孩子能否承受这种重压。有句老话说得很好："哪里有压迫，哪里就有反抗。"从某种意义上说，孩子出现逆反心理，何尝不是由于家长对孩子施压太过引起的？

每个孩子都是独立的个体，有自己的心理需求和人格。作为父母，不能把孩子当成自己的附属品，什么都替孩子做决定，因为这样即使孩子不出现逆反心理，也会形成一些性格方面的缺陷。比如，习惯了依赖父母替自己做决定的孩子，就会缺乏独立思考、判断问题的能力，不具备完整的独立人格。现在被大家广为诟病的"传说中的妈宝"就属于这种情况。

任何事情都有两面性。孩子出现逆反心理，看似是"不听话""走弯路"，但从另一个角度来讲，这是孩子逐渐长大、自我意识增强的标志，是思想的一种进步，作为家长，应该为孩子感到高兴。

教育专家李镇西在《做最好的家长》中写道："逆反心理

高效亲子沟通

所蕴含的最大积极因素是不盲从并且愿意用自己的大脑去思考，这恰恰是一种极为可贵的精神萌芽。"逆反心理也有很多正面的效应，包含勇敢、争胜心强、有独立见解等积极的心理品质。因此，对孩子的逆反心理，家长完全不必谈虎色变，只要家长能尊重、理解孩子青春期特性和需求，并调整与孩子的交流和相处方式，对孩子进行正确的引导，同时给孩子充裕的发展空间，就可以帮助孩子平稳度过青春期。

名师提示

作为家长，要正确认识和理解孩子的逆反心理，肯定其中包含的积极因素，用平等的姿态和孩子进行积极的沟通，使孩子和家长一起健康成长。

（1）给予孩子充分的尊重。把孩子当成成年人来对待，鼓励孩子说出自己的想法，对其中好的部分要及时肯定和表扬，对不合理或不足之处要帮助孩子进行分析，从而进行完善，不要武断、简单地全盘否定孩子的想法。

（2）以平等的心态参与孩子的活动。如果家长总是一副高高在上的姿态，就会与孩子产生隔阂，孩子就不愿意对家长讲自己的心里话。因此，家长要放下身段和孩子平等对话，当孩子能够把父母当成自己的好朋友来对待，亲子沟通就是水到渠成的事情了。

第三章

放下家长架子，让孩子愿意沟通

> 高效亲子沟通

远离咆哮，注意与孩子说话时的语调和语气

朋友圈经常爆出管教孩子难的各种抱怨。

随着社会的发展和时代的进步，越来越多的家长意识到家庭教育对孩子成长的重要性。家长在很多时候会参与孩子的生活，尤其是在孩子进入学校学习之后，辅导孩子写作业便成为家长的一项重要任务。由此而引发的各种事件也频频成为家长圈、教育圈的热议话题，更成为社会各界关注的焦点。

提起陪娃写作业，很多家长都是一把辛酸泪，甚至有的被"气出脑中风""气得拍桌子导致骨折"。网上有人将其戏称为"大型灾难级家庭伦理连续剧《爸妈辅导作业日常》"，各种网络段子花样翻新、层出不穷。

"不写作业母慈子孝，一写作业鸡飞狗跳！""再包容的爸爸，没有为了作业拍断过几个书桌，那就谈不上陪读；再温柔的妈妈，只要辅导一学期作业，轻松练就一身狮吼功！"……

这些段子看似调侃，但其实背后透露着众多家长的无奈和

第三章 放下家长架子，让孩子愿意沟通

辛酸，更隐藏着孩子们在此过程中受到的诸多伤害。2018年，有网友总结了"年度十大热门育儿流行语"，其中"咆哮式陪读"以五星热度稳居榜首。研究表明，这已经是一个非常值得大家认真关注和思考的问题。

很多家长也诉苦，说自己其实也不想对孩子咆哮，每次吼完看着孩子可怜巴巴的样子，也会陷入自责，但下一次依然控制不住自己；也有的家长对此不以为意，觉得自己辛苦工作，下班了还得和孩子"较劲"，不动手就不错了，吼两声骂几句算什么呀？再说，自己这么做也是为了孩子好呀！

很多家长不仅仅是在辅导孩子学习时容易咆哮，平时很多时候也会"吼起来"，这些家长的心情是可以理解的，但是，并不能因此就认可这种"咆哮式育儿"的教育方式。心理学家曾对家长批评孩子时的语调、语气及效果做过一系列研究。结果表明，越是语调高昂、语气激烈的批评，越使孩子难以接受，甚至引发亲子冲突；相反，如果家长能用平和、冷静的语调和语气与孩子沟通，孩子反倒容易接受。心理学家认为，这是因为低声调可以使人情绪平和，化解孩子的抵触、逆反心理，同时还可以使孩子将注意力集中到家长所说的话本身；而高声调表现得更多的是说话者激动、愤怒的情绪，孩子的注意力自然也会关注在这种负面情绪上，并很容易受到感染。我们经常见到，家长高声责骂孩子，胆量大的孩子会直接怼回去，声调甚至比

家长更高；胆量小的孩子会不知所措，甚至见了家长就鼠避猫般地躲着。显然，这两种情况不仅严重影响亲子沟通，还会对孩子的性格产生负面影响。

蔡元培先生在《中国人的修养》一书中说道："决定孩子一生的不是学习成绩，而是健全的人格修养。想要培养孩子健全的人格，家长首先要做的就是改变说话的语气和方式。"家长的一时口舌之快会深深伤害孩子的心灵，孩子的成长阶段需要家长和老师的正确引导，斥责、打骂等所谓的"教育方式"都是不可取的。

我教过的学生中也有过很多这样的例子，下面给大家讲一个比较典型的。

我的学生陈浩是一个比较内向的孩子，性格沉稳，遵守纪律，虽然成绩不是特别好，但一直比较稳定，这说明他一直尽自己的能力学习，还是比较让人省心的。但是，有一段时间我发现，陈浩的成绩在下滑，人也变得更加内向了，有时候上课精力也不集中。显然，孩子心里有事，不仅影响到学习，而且整个精神状态都不对了。

我找他谈话，但这孩子始终低着头不肯说话，后来眼睛里就噙满了泪。看到他这个样子，我心里也很不舒服，但是又不敢追问得太紧，只能安慰他一番，告诉他什么时候想跟老师说了，可以随时来找我。

第三章 放下家长架子，让孩子愿意沟通

陈浩回教室后，我给他妈妈打了个电话，终于弄明白了问题的症结所在。原来，陈浩爸爸最近下岗了，本来脾气就比较暴躁的他，在家里更是看什么都不顺眼，对儿子也是随口斥责。成绩不太理想，房间没收拾整齐，干事情动作慢，反正总会有惹他发火的理由。陈浩妈妈说，她也劝过爱人，不要拿孩子当出气筒，但是收效不大，她对此也挺苦恼。

找到问题的起因后，我给陈浩爸爸打电话约他来学校一趟。我先给他讲了陈浩成绩下滑及最近的表现，告诉他希望能从自身找一下孩子情绪波动的原因。陈浩爸爸说其实他自己也意识到了这个问题，但是有时候就是控制不住。我又劝他从孩子的角度去想一下，青春期的孩子，正是心理比较敏感的年龄，再加上课业负担重，其实也挺不容易的。家长作为成年人，不能再把自己的压力转嫁到孩子身上。

家长对老师的话一般还是比较听得进去的，陈浩爸爸向我保证，以后尽量控制自己，不会再把负面情绪带回家里，更不会再莫名其妙冲孩子发火。过了几天，陈浩主动来找我，说他爸爸那天从学校回去后就跟他道歉了，这几天他爸爸不但没在家里发脾气，还积极寻找新的工作。看到陈浩脸上又洋溢着灿烂的笑容，我从内心深处感到欣慰。

现在还有一个现象值得家长朋友们注意。很多青春期孩子的家长，因为孩子比较大了，并且知道孩子正处于特殊阶段，

> **高效亲子沟通**

和孩子沟通交流时比较注意控制自己的情绪。但是年龄比较小的孩子的家长，往往没有耐心对孩子进行引导，常常采取简单粗暴的方式，甚至打骂。还有人认为越简单直接的方式越见效快，不但认识不到这样做是对孩子的一种伤害，还当成了经验之谈。

其实，不仅仅是青春期孩子的心灵需要呵护，任何年龄段的孩子都一样。我们不需说太多大道理，大家只需要想想那些幼小的婴儿，如果有人笑嘻嘻地逗他们，他们也会跟着笑起来；反之，如果有人凶他们，他们就会撇撇嘴哭起来。这就说明，人类天生是会对别人的态度有所反应的。因此，我们要多学习一些和孩子的相处之道，尽量不要对孩子幼小的心灵造成伤害。

> **名师提示**

家长的责骂会造成孩子心理上的自卑，使孩子失去自尊，严重的还会变得自暴自弃。那么，如何才能做到不吼不叫不伤孩子的心呢？大家可以尝试从以下几点做起：

（1）多对孩子进行了解。可以采取多和孩子交谈、及时与老师沟通等方式，对孩子进行多方面的了解，这样做的同时也能使孩子充分感受到来自家长的爱，有利于孩子健康成长。

（2）确定合适的期望值。不对孩子做不切实际的要求，更不要把自己的意愿强加到孩子身上。

第三章　放下家长架子，让孩子愿意沟通

（3）情绪激动时及时回避。避免和孩子产生正面冲突或冲突升级，等到情绪平静时再尽量和颜悦色地跟孩子沟通，使孩子感到可亲可敬，效果会好得多。

高效亲子沟通

远离唠叨，别让孩子"耳朵磨出茧子"

对于绝大多数的家长和孩子来说，"唠叨"都不可能是一件陌生的事情。几乎每个家庭都会有"唠叨"这个戏码，甚至每天上演。有一首以妈妈的各种唠叨表现为歌词的《妈妈之歌》曾在网上风靡一时，引起了很多人的共鸣。

"起床、起床、快起来！去洗脸、去刷牙、记得梳头！会热吗？会冷吗？你就这样穿着出门吗？别忘了钢琴课在今天下午，所以你要练！出去外面玩，别玩太疯，别闹太凶。今晚不准玩电脑！我说了算！我是你妈！……"

我的许多学生就曾对我诉苦，说自己父母（尤其是妈妈）动不动就开启唠叨模式，事无巨细五花八门，无数遍地反复唠叨，有时候还穿插一些"忆苦思甜"，令人不胜其烦。许多家长提起来也是满脸无奈，说自己每天对孩子千叮咛万嘱咐，嘴皮子都磨薄了，可孩子就是听不进去。

为什么会出现这种亲子双方都感觉很受伤的局面呢？这跟

第三章 放下家长架子，让孩子愿意沟通

"唠叨"这种语言表达方式的特点及其可能造成的后果有关。唠叨是指一种随口而出、不断重复的话语，很容易给对方带来厌倦、反感等负面情绪，甚至给对方造成一种无法忍受的"痛苦"。

许多朋友看过电影《大话西游》，对剧中的唐僧大家应该印象深刻。他整天喋喋不休唠叨不停，不仅至尊宝不胜其烦，吐槽说他整天婆婆妈妈叽叽歪歪，活像一群嗡嗡叫的苍蝇，而且连一向清高严谨的观世音都嫌弃他太啰唆。更为夸张的是，当唐僧被牛魔王捉到洞中关押起来后，看守他的两只小妖竟然无法忍受他的"唠叨大法"，索性拔刀自杀了。

当然，这只是文学作品的演绎，在现实生活中，唠叨的"杀伤力"同样不容小觑。尤其在亲子沟通的过程中，家长的唠叨往往只能起到负面作用。甚至有人说，唠叨是亲子关系的"杀手"。一家儿童心理研究中心调查显示，98%的孩子认为妈妈太爱唠叨，20%~33%的中小学生曾有过"换父母"的想法，其中一个重要原因就是"妈妈太爱唠叨"。

也许有人会说，自己之所以唠叨是因为爱孩子、关心孩子。当然，这句话听起来似乎也"没毛病"。不可否认，每一位唠唠叨叨的父母都有一颗爱孩子的心，之所以唠叨个没完，是想让孩子通过自己的"谆谆教诲"成长和成才。但是，亲爱的家长朋友，您有没有想过，孩子又是怎样看待您的唠叨？您的唠叨又给孩子带来了什么呢？

我曾经询问过学生们都是怎样对付家长的唠叨的。有的孩子说自己早就让爸妈唠叨"皮"了,他们唠叨他们的,就当刮了场耳旁风,自己该干吗还干吗;有的说惹不起就躲着,尽量不给爸妈唠叨的机会和时间;有的说直接怼回去,让他们知道自己烦着呢……尤其值得注意的是,还有的孩子反感父母的唠叨,但是又不敢公开反抗,就采取"软对抗"的方式。

我的学生刘冰是一个比较内向的孩子,本来学习习惯挺好,上课认真听讲,每天按时完成作业。但是有一段时间,我发现他有些反常,作业应付了事,成绩也退步了。一天趁自习课的时间,我把刘冰叫到办公室,让他当着我的面改正作业中的错题,发现他其实并不是不会做。我便问他为什么本来会的题还做错了,他告诉我其实自己是故意不认真写作业的。他的话让我有些意外,就耐心问他原因。他沉默了好一会儿,说其实自己就是被妈妈唠叨烦了,本来自己已经很努力学习了,她还整天动不动就是"要好好学习,以后考个好大学""我和你爸就是吃了读书少的亏了,你现在学习条件这么好,一定要争气""我们同事家孩子考了个'985',你得向人家学习"。刘冰说:"其实我也知道妈妈是为了我好,但她整天像祥林嫂似的,我是真烦。我就故意气气她,不然她还以为我好好学习是她唠叨的功劳呢。"

刘冰的这种想法虽然有些幼稚,但其实代表了很多孩子的心声。我对刘冰进行了正面引导后,又和刘冰妈妈及时沟通,

第三章 放下家长架子，让孩子愿意沟通

告诉她症结所在，注意改掉唠叨的习惯。后来，刘冰告诉我，他妈妈和他长谈了一次，双方约定，妈妈尽力做到不再唠叨，刘冰也保证尽量理解妈妈，好好学习。

我们知道，亲子沟通是家长与孩子之间双向互动的过程，但当家长一厢情愿地喋喋不休时，不胜其烦的孩子往往会"左耳朵进右耳朵出"。如果家长说的话孩子压根儿就没听进去，那么只能是"假沟通"。更为值得注意的是，如果家长说的话引起了孩子的厌倦甚至逆反情绪，不仅难以起到沟通、教育的作用，而且还会适得其反。"唠叨"其实是家长单方面地给孩子输入信息，很多时候是家长在运用自己的权威对孩子进行变相施压，从而达到让孩子遵照自己意愿行事的目的。就像前面我们说到的《妈妈之歌》中，一大堆的唠叨之后便是"我说了算！我是你妈！"对于孩子来讲，唠叨是一种持续、反复的刺激，很容易造成心理上的压力。

在心理学上，有一个名词叫作"超限逆反"，是指由于刺激过多、过强或作用时间过久，从而引起心理极不耐烦或逆反的心理现象。我们经常说，凡事都要有个"度"，做事情要适可而止，因为过犹不及。当家长无休止的唠叨对孩子造成压力甚至伤害的时候，孩子会本能地躲避，甚至采取相反的措施来抗议。于是，"唠叨"便成了横亘在父母与孩子之间的一道鸿沟。

> **高效亲子沟通**

> 💡 **名师提示**

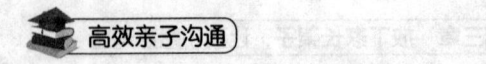

既然"唠叨"是亲子关系的"杀手",严重影响亲子沟通的效果,那么,作为家长,如何才能有效避免唠叨呢?

(1)要相信和尊重孩子。很多唠叨的家长其实是对孩子缺乏信任,同样的话说了无数遍还是不放心,忍不住还想重复。因此,要对孩子有信心,相信孩子有上进之心。同时,要注意培养孩子的自我管理能力,让孩子把自己该做的事情主动做好。

(2)要多看到孩子的长处,多表扬多鼓励。当孩子有缺点时,家长要尽量进行自我控制,千万不要抓住孩子的缺点不放,一遍遍唠叨个没完。同时要帮助孩子认真分析,找出改正的办法。

(3)要多倾听孩子的想法。变单向的唠叨为亲子之间双向的交流,孩子才能更容易接受父母的劝告和建议。

远离抱怨，别让孩子看不到世界的美好

随着互联网的快速发展，许多广为流传的网络新词产生了，诸如雷人、PK、粉丝、给力等。最近看到一个词——小确丧。这是一个很贴切又略显调皮的词汇，指的是微小而确实的颓丧。其实，在现实生活中，每个人都难免有一些小确丧，一般来源于工作或生活的暂时不如意。但是，人们对待小确丧的态度却有很大的不同。有的人会积极地进行自我调节，尽快化解这种不愉快的情绪，从而让自己尽快投入正常的生活、学习和工作中；有的却会放大这种情绪，不但自己沉浸于其中不能自拔，嘴上还要各种抱怨，随时传播满满的负能量。

对待这种习惯于"抱怨"的人，人们一般会采取回避的态度，毕竟谁都不喜欢总是充当别人的情绪垃圾桶。但是，亲爱的家长朋友，您想过没有，假如有一个孩子，他的父母就是这种喜欢抱怨的人，这个孩子则是无处可躲的。成长在父母抱怨声中的孩子，内心能不受到伤害吗？

高效亲子沟通

民国才女林徽因在建筑、文学等领域都有很高的建树，身上众多的光环成就，奠定了她光鲜亮丽的一生。但是，她却多次说自己"有病"，而这个病，就源于其童年的经历。

林徽因的父母关系不好，她父亲后来另娶他人并生育子女，但由于时代及自身的原因，她的母亲又无法脱离家庭，只得带着小林徽因搬到后院。从此，林徽因便生活在了母亲喋喋不休的抱怨声里，抱怨自己的命不好，抱怨丈夫无情无义，抱怨娘家没人替自己出头，抱怨女儿不听话、竟然跟前院的弟弟妹妹玩……

母亲无休止的抱怨给林徽因的童年造成了巨大的阴影，并且这种阴影如影随形般影响到了成年的她。成年后的林徽因总是回避提到童年，只有在给好友的信中才写道："我自己的妈妈把我赶进了地狱，这搞得我筋疲力尽并深受伤害。那早年的争斗对我的伤害是如此持久，它的任何部分只要重现，我就只能沉溺在过去的不幸之中。"

集美貌和才华于一身、一生成就显著的林徽因一直困扰于童年时母亲的抱怨，以至于即使已经功成名就也还是沉溺于童年的不幸。爱抱怨的人很少看到世界美好的一面，也就很少能够找到快乐。他们习惯用悲观的思维方式看待问题，表现出的也是消极沮丧的负面情绪。父母的抱怨对于孩子来说就是一种压力甚至伤害。

第三章 放下家长架子，让孩子愿意沟通

一份网络研究调查表明，在充满抱怨气氛的家庭中长大的孩子，往往比较敏感、自卑、胆怯，遇到事情不敢跟父母说，心里有什么想法也不愿表达，总是怕自己给别人添麻烦。当一个孩子总是需要承受父母的各种抱怨时，就会处于恐惧、无措的状态，即使有什么心里话也不敢、不愿意讲出来，于是，"抱怨"成了横亘在父母与孩子之间的一道鸿沟，自然也就谈不上什么亲子沟通了。

父母如果是抱怨型性格，势必会对孩子，尤其是成长期的孩子造成不利影响，因为抱怨传递的是悲观消极的负能量，会在家庭成员间迅速蔓延，而孩子很容易成为负能量的最终载体，这对孩子人生的破坏力是十分可怕的。在一个家庭中，孩子往往是精神力量最弱小的一环。当父母用"抱怨"来排解和发泄自己的不良情绪时，孩子就不得不承受这些负能量，而这些负能量很可能会影响到孩子的性格、处世态度等，甚至成为孩子心灵上永远难以愈合的创伤。

美国社会心理学家费斯汀格（Festinger）曾经提出一个著名的判断——"费斯汀格法则"，他认为生活中的10%是由发生在你身上的事情组成，而另外的90%则是由你对所发生的事情如何反应所决定。他用下面这个小故事来解释这个判断。

一天早晨，卡斯丁洗漱时将手表随手放在了洗手台上，妻子看到后担心手表被水淋湿，就拿过去放在了餐桌上。儿子起床后到餐桌旁吃早餐,不小心把手表碰到地上摔坏了。卡斯丁看到后很心疼,把儿子揍了一顿,还抱怨妻子不该把手表乱放。妻子感觉很委屈,反过来抱怨卡斯丁,说其实是他不该把手表放在洗手台上。夫妻二人互相抱怨,最终大吵了一架。

卡斯丁憋了一肚子火出门去上班,到了公司发现没带公文包,只得回家去取。但是回到家后又发现妻子和儿子也已经上班、上学去了,而自己的钥匙是放在公文包里的。卡斯丁进不了家门,公文包里还有一份重要文件,今天上班必须用,无奈之下,他只好给妻子打电话让她回家送钥匙。

妻子接到卡斯丁的电话后匆忙往家赶,一路上又气又急,不慎撞翻了路边的水果摊,赔了摊主一笔钱才摆脱了摊主的纠缠;卡斯丁拿到公文包后回到公司已经迟到了,耽误了和客户的谈判,被老板狠狠训斥了一顿,并扣发了当月的奖金;儿子这天要参加学校的棒球比赛,本来很有希望拿冠军,但因一大早就挨了老爹一顿揍,心情低落到了极点,根本没心情投入比赛,竟然第一局就被淘汰了。

其实,类似这样的事情可能在很多家庭中都发生过。我们经常说"祸不单行",这其中很大一部分原因就是当一件不好的事情发生后,当事人不能及时调整心态,致使自己和家人陷入不良情绪,而这种不良情绪又引发了更多不好的事情发生,从而形成恶性循环。

第三章 放下家长架子，让孩子愿意沟通

费斯汀格法则告诉我们，生活中有10%的事情是我们无法掌控的，但由这10%所引发出的另外的90%，是通过我们的心态和行为所决定的，也就是说是可以掌控的。假如说，当发现手表被摔坏时，卡斯丁和妻子不是抱怨甚至殴打儿子，而是相互约定一下，今后大家做事情时都改掉没有条理、毛躁的坏习惯，那么后面发生的事情就完全会是另外一种结果了。

抱怨型性格的人还有一个特点，就是常常通过抱怨来推卸责任，好像事情之所以糟糕全是因为别人不好，自己是没有责任的。在这种家庭氛围中长大的孩子，往往也学会遇到问题就"甩锅"，而不是积极寻找解决问题的办法，更缺乏改变或修正自己的智慧与勇气。

我也曾经遇到过有学生家长抱怨，说自己经常对孩子讲，家长如何如何不容易，为了孩子付出了很多，但孩子就是不理解自己的一片苦心，感叹跟孩子沟通真难。其实，问题的症结恰恰在此。这类家长自认为跟孩子沟通很难，觉得问题是出在孩子身上，但他们没有意识到，他们的这种做法是"抱怨"而不是"沟通"，非但起不到沟通的效果，反而会给孩子带来无尽的负能量，严重的还会影响孩子的身心健康。

名师提示

父母对待生活的态度和为人处世的方式，会影响孩子一生。

家庭是孩子最初的命运，而父母则是孩子命运的主要谱写者。能够得到父母积极支持与引导的孩子，更有信心走好人生的路。为了孩子美好的未来，让我们远离抱怨，多为孩子传递一些正能量，教会孩子用热情的心态对待生活，使孩子能够看到世界的美好和多姿多彩。

（1）当遇到不顺心、不如意的事情时，要善于反思自身因素的影响，不要一味地抱怨无法改变的外部因素，更不要把生活的不如意归因到孩子身上。

（2）牢记费斯汀格法则，当令人不愉快的事情发生后，要正视事情本身并解决它，不抱怨、不迁怒，只有这样才能为孩子做出榜样，引导孩子建立积极、阳光的思维方式，改变遇事喜欢抱怨的态度，积极做好当下应该做的事情。

远离语言暴力，别让恶语伤了孩子的心

说到对孩子的伤害事件，人们首先想到的往往是抢劫、敲诈勒索、绑架、性侵等恶性事件，以及校园暴力、体罚等肉体上的伤害。当然，这些伤害对孩子造成的恶果不言而喻，作为家长，是有责任保护孩子远离这些伤害的。但是，我们在这里想强调的是，除了这些"硬性"的伤害外，还有一种常见并且往往被人们所忽略的"软性"伤害，必须引起大家的重视，那就是语言暴力。

关于语言暴力对少年儿童的伤害，曾有多家研究机构开展过不同形式的调查，结果令人吃惊，也很令人痛心。

"中国少年儿童平安行动"曾做过一项专项调查，内容为"你认为最急迫需要解决的校园伤害是什么"。结果显示，81.45%的被访中小学生认为是"校园语言伤害"。尽管这个调查是针对校园伤害而开展的，但同样也应该引起广大家长朋友的重视和反省。

高效亲子沟通

美国一家教育研究机构对数万名学龄儿童进行跟踪调查，结果显示，对幼小心灵伤害最大的是来自父母的语言伤害。这种情况在我国恐怕有过之而无不及。

我国一家有关机构的调查数据显示，仅有6%至15%的父母能够经常用健康、积极、鼓励的语言教育孩子。同时，这项调查还显示，孩子受到的语言暴力有50%以上发生在家庭中。

俗话说："良言一句三冬暖，恶语伤人六月寒。"这虽然指的是人们日常交往，但在孩子的教育及沟通方面同样适用。现在，大家已经普遍认识到体罚对孩子带来的伤害，体罚的势头在渐渐消散，但是，需要引起重视的是，语言伤害正有所抬头。如果说体罚是对孩子身体的摧残，那么语言伤害就是对孩子精神的摧残，会损伤孩子的自尊心和自信心，严重的还会对孩子人格心理发展造成长期的、不可估量的负面影响。

有位老师曾在网上发过一个帖子，记录了一次家长会上的情境。

在一次家长会上，这位老师特意设置了一个特别环节：给每位家长和孩子分别发了一张纸条，让大家在上面写下对方让自己最难过的言行。

纸条收上来后，家长的答案大多是"不听话""学习不主动"等；孩子们的答案则充满了戾气。

"我上辈子造了什么孽，生出你这么个笨蛋。"

第三章 放下家长架子，让孩子愿意沟通

"这么简单的问题都不会，长大了也是个窝囊废。"

"猪脑子呀你，笨成这样，我要是你早自己去死了。"

……

老师将这些纸条上的内容一一念出，家长们陷入沉默，很多孩子则掉下了眼泪。会后，很多家长对老师说，自己都不记得曾对孩子说过这么伤人的话，但这些话，却实实在在地成了插在孩子心上的一把刀。

著名青少年心理问题研究专家李玫瑾教授曾说，如果一个人得了糖尿病，那绝不会是因为他昨天吃糖吃多了；同样道理，如果一个人出现了心理问题甚至心理疾病，那么其根源往往也需要从其儿时查起。

也许有的家长会说，之所以这样口不择言地骂孩子，其实也是"爱之深，责之切"，是出于恨铁不成钢的心理，自己就是"刀子嘴豆腐心"，本意还是为了孩子好。当然，我们相信每个父母的内心都是爱护孩子的，但不能因自己的出发点是好的就不顾方式方法。即使真的是所谓的"刀子嘴豆腐心"，孩子也感受不到"豆腐心"的温情和善意，他们承受的完完全全是"刀子嘴"的锋利和伤害。

父母的每一次情绪发泄，都会引发孩子的恐惧、焦躁、烦闷、伤心、愤怒等不良情绪。同时，由于年幼的孩子还不会像成年人那样懂得用各种方法、通过各种渠道化解和排遣内心的

不良情绪，往往只能闷在心里，时间久了，多次不良情绪的积压，会给孩子造成心理上的伤害，而且这种伤害很可能会持续很久，甚至会给孩子的一生带来阴影。

一位知乎网友说过一个令人痛心的故事。

小时候，我经常和邻居家一个叫朵朵的小姐姐一起玩，并且我一度很崇拜她，在心里把她当成自己的偶像，因为她不仅长得漂亮，学习成绩还很好，是典型的好孩子。

但是，就在朵朵姐姐上四年级那年，一切都发生了改变。先是她的爸爸妈妈开始无休止地吵架，好像是因为她爸爸赌博输光了家里的钱；后来她爸妈就离了婚，她爸爸不知搬去了哪里，家里只剩下她妈妈和她。

最可怕的还不是她爸妈离婚这件事情本身，而是她妈妈的性情发生了很大的变化。本来挺和善的一个阿姨，变得动不动就发飙，骂起朵朵姐姐更是口不择言。"你就是跟你爸一样的浑蛋。""我这辈子算是被你们坑苦啦。""讨债鬼，你和你爸都是来向我讨债的。"诸如此类的话简直成了她妈妈挂在嘴边的口头语。

渐渐地，朵朵姐姐开始变得沉默，变得唯唯诺诺，成绩也下降得厉害。这一切引起了她妈妈更大的怨气，对她的责骂也更多了。后来，朵朵姐姐甚至变得不敢有任何要求，就连学校让买学习资料都不敢问妈妈要钱。她说："如果可能，我一分

第三章 放下家长架子，让孩子愿意沟通

钱都不想花。我知道，我和我爸一样，都是来跟我妈讨债的。"

这种负罪感将那个原本活泼、阳光的小女孩一点点压垮，多年后，朵朵姐姐患上了抑郁症。

对于孩子来说，父母天然就是他们最亲近的人，也正因如此，来自父母的语言暴力，往往会成为一个巨大的黑洞，具有毁灭性的杀伤力，吞噬孩子对人生的期望和生命的活力。著名教育专家乔艳坤曾说："母亲是大地，爸爸是大树，孩子是枝芽。家庭教育其实并不需要父母多么优秀，有着平和态度、情绪稳定的正常父母，就是孩子最大的福气。"

有人将育儿的过程比作修行，这种说法也很有道理。育儿等于育己，孩子的成长之路，也是父母的修行之路。这条路很长也很关键，不但关系到孩子的成长和未来，也决定着我们的家庭幸福度。近年来，孩子轻生、自残等极端行为的恶性事件屡屡发生，每一个年轻生命的逝去都令人无比痛心。有人指责这些孩子不知感恩、心理脆弱，但更多的人在问，这些孩子之所以如此决绝，到底承受了什么？我们不想再回顾这些恶性事件的详细过程，但每一个为人父母者都应该从中汲取教训。请记住：永远不要低估你对孩子说的每一句话，压死骆驼的稻草不是最后一根，而是每一根。

> 高效亲子沟通

名师提示

心理学研究表明，经常受到语言暴力伤害的孩子，会产生自卑、怯懦、逆反等心理，久而久之还会形成负面的消极性格，严重的还有可能导致厌学、自暴自弃，甚至走上违法犯罪的道路。因此，管理自己的情绪，学会用适当的方法与孩子沟通，是每一个为人父母者的必修课。请大家记住以下两点：

（1）用平常心对待孩子。过高的期望值会引发焦虑，这是语言暴力的一个主要原因。我们要根据每个孩子的不同特点，制定切实可行的目标，切不可因目标过大过高，反倒使孩子失去进取的信心。

（2）用平等的心态对待孩子。有些家长之所以会对孩子声色俱厉，其实还是不自觉地认为孩子是低自己一等的，"是我养着你"，所以就有特权。这种陈旧的观念非常容易伤害到亲子之间的感情，更不利于亲子沟通。我们再强调一次：孩子是独立的、拥有完整人格的个体，不是父母的附属品。

第四章

传递"正能量",让孩子的世界充满"阳光"

多一些信任，孩子才能更加自信

信任是人与人之间建立良好关系、进行正常沟通和交流的重要前提条件。不仅成年人之间如此，在一个家庭中，父母与孩子之间也同样是这样。教育专家认为，亲子之间的相互信任是成功家教的重要因素。但是，很多家长却认为，对孩子关心照顾就要随时掌握孩子各方面的情况，多管着点是应该的，至于"信任"，还是等孩子长大以后再说吧；还有的家长口头上表示信任孩子，但行动上却恰恰相反。

相信很多家长朋友对类似下面的场景都很熟悉，或者自己也曾经这样做过。

晚饭后，孩子主动要收拾碗筷，妈妈在一旁赶紧说："快放下快放下，你还小，端不稳，别把碗摔了。"

孩子在自己房间里写作业，妈妈每隔一段时间就找借口进去一趟，送水果，送牛奶，或者假装提醒孩子注意坐姿，等等。其实真正的用意并不是关心孩子，而是想看看孩子是不是在认

第四章 传递"正能量",让孩子的世界充满"阳光"

真学习。

孩子的同学(尤其是异性同学)打来电话,家长表面上装作若无其事,实际上心里如临大敌。假装收拾家务等在靠近孩子的地方磨蹭,竖起耳朵偷听孩子在和同学聊什么,事后还会找机会旁敲侧击地询问孩子同学的情况。

……

当然,家长之所以有类似的做法,其本意都是好的,是出于对孩子关心和爱护。但是,好的本意并不代表这些做法是合适的。家长之所以对孩子有种种担心,其根源还是由于对孩子不够信任,而这种不信任对孩子来说,往往会形成困扰。

作家龙应台曾讲述过发生在她和儿子之间的一件事情。

有一次,龙应台和儿子以及几个好友到海边玩,龙应台要去洗手间时,问儿子要不要去。儿子有些不耐烦,反问道:"妈妈,我要不要上厕所,难道我自己不知道吗?"

龙应台本来觉得这是一件非常小的事情,也根本没往心里去,但儿子显然不这样认为。见龙应台不再说话,他继续问:"你不觉得上厕所是件非常个人的事情吗?你为什么要问我?是怕我尿裤子里吗?"

事情到这里仍然没有结束,回家后,儿子给龙应台写了一封信:

"妈妈,你一边给我自由,一边觉得那是你的'授权'或'施子'，你并不觉得那是我本来就有的天生的权利！你到今天都没法明白：你的儿子不是你的儿子，他是一个完全独立于你的'别人'！"

这件事使龙应台受到了很大的震撼，后来，她把自己与儿子相处的点滴小事，以及自己在此过程中的反思写成文章，题目就取为"独立宣言"。

也许，有人会觉得这也太小题大做了，但是，孩子的成长不就是由这些点滴小事组成的吗？作为合格的父母，就应该在时时处处给予孩子关心照顾的同时，还要体现出对孩子的尊重和信任。

有的教育学家把没有信任的爱比作毒药，因为如果缺乏信任，所谓的"爱"便会体现为过度担心、事事包办。这种"爱"其实已经变态，是在"爱"的包装下的"控制欲"，即使出发点和本意是好的、善意的，其结果也只会压抑孩子成长的潜力，给孩子造成负担和干扰，阻碍孩子独立个性的养成和能力的发展。

在现实生活中，我们经常可以看到，有些孩子（甚至是成年人）不愿意尝试自己没有做过的事情，即使这件事情其实很简单，他们也会表现出畏难情绪。这是一种缺乏自信心的表现，其中一个重要的原因就是怕自己做不好而受到指责和批评。

俗话说："千穿万穿，马屁不穿。"这虽然是一句略带贬

第四章　传递"正能量"，让孩子的世界充满"阳光"

义的话，但也说明从人的本性上来讲，都是喜欢听别人对自己的赞美。思想成熟的成年人尚且如此，孩子们就更渴望得到来自父母以及他人的理解、尊重和信任了。心理学家认为，来自外界的肯定和赞美，能够最大程度地激发孩子的内在力量，可以使孩子真正体验到内心的自在和快乐。如果一个孩子成长在宽容、鼓励的环境中，就有利于形成自尊、自信的积极心态，在性格、人际交往、学习、生活等各个方面表现优秀。

演员马伊琍在做客央视文化情感类节目《朗读者》时，曾和主持人董卿说起自己高中时发生的一件事情。

马伊琍上高一时，班主任是一个刚从师范学院毕业的女老师。期末考试后，班主任请每一个家长到她办公室领自己孩子的学生手册。马伊琍的爸爸拿到女儿的学生手册后，打开一看很惊讶，因为女儿的文化课成绩很好，但"思想品德"一栏却被填成了"差"。爸爸问老师原因，老师说，马伊琍和多个男生在谈恋爱。

要是换成一般的家长，听到老师这样说，恐怕就要"爆炸"了。但是马伊琍的爸爸却很平静，要求老师把那几个男生的名字写出来。然而，老师只写了一个名字便"卡壳"了。马伊琍的爸爸说："老师，你不是说有多个吗？"老师见学生家长竟然这种态度，就很生气。但马伊琍的爸爸并没有退让，他说："老师，我不跟你说了。我的女儿我最了解，我还是去找校长说吧。"

高效亲子沟通

马伊琍知道这件事后哭了,她很感激爸爸对自己的信任,同时还下决心以后要更加自觉,让父母更信任自己。

马伊琍的父母都是返城知青,当年初中没毕业就上山下乡了。马伊琍上小学二年级的时候,她妈妈就告诉她,自己什么也教不了她了,遇到不会写的作业只能空着。但是,他们却把女儿培养得坚强、独立、自信、乐观。马伊琍说,父母对自己的教育其实就是一个词:信任。

我国著名教育学家陈鹤琴先生曾说:"凡儿童自己能够做到的,应该让他自己做;凡儿童自己能够想到的,应该让他自己去想。"每一个孩子的身上都蕴藏着巨大的潜能,来自父母的信任则是激发孩子内在潜能释放能量的"催化剂",是孩子前进的信心和力量。来自父母的信任还会使孩子的内心得到快乐,亲子关系也会更加融洽。

名师提示

一位家庭教育专家曾经说过:"教育的奥秘在于坚信孩子'行'。"从教育效果来看,信任是一种富有鼓舞作用的教育方式。作为家长,要注意做到以下几点:

(1)充分了解孩子。我们说要信任孩子,并不是说盲目信任。这种信任是建立在对孩子充分了解的基础上。只有了解了孩子的能力以及不足,才能在给予孩子信任的同时提供必要的引导和帮助。

第四章 传递"正能量",让孩子的世界充满"阳光"

(2)正确对待孩子的缺点和错误。每个人都难免会有缺点和不足,孩子更是如此。父母不能因为孩子有缺点就失去对他们的信任,而应该帮助孩子寻找原因,引导他们改正错误。其实,这也是信任的一个方面。

(3)把对孩子的信任落实到行动上。如果家长只是口头上表示信任孩子,而实际行动恰恰相反,时间久了,孩子就会感觉受到了欺骗,孩子的自尊心会受伤害,甚至引发逆反情绪。

高效亲子沟通

善于疏导，帮助孩子走出负面情绪的阴影

负面情绪是心理学上的一个名词，又称为负性情绪（Negative Emotion），指的是焦虑、紧张、愤怒、沮丧、悲伤、痛苦等情绪。之所以把这些情绪归纳为"负面""负性"，是因为此类情绪往往是由于某些不好的事件所引起的，会给人带来不适感，很多时候会对生活、学习、工作等产生不良影响，严重的还可能引起身心方面的伤害。正是因为这个原因，很多人认为"负面情绪"是不好的，对其总是采取回避、压抑等态度，而不愿意正面去面对。

由于人们对负面情绪有认识方面的误区，当很多家长发现孩子有负面情绪时，不是接受和包容，更不会帮助孩子去疏导情绪，而是训斥、责骂。殊不知，这样对孩子造成的伤害远远大于负面情绪本身可能导致的不良后果。

我们经常可以看到这样的场景：

孩子考试没考好在哭泣，一旁的爸爸（或妈妈）不但没有

第四章　传递"正能量"，让孩子的世界充满"阳光"

安慰和爱抚，反而声色俱厉地训斥："哭什么哭，考这么点分还有脸哭呀，给我憋回去！"

孩子在看动画片，爸爸（或妈妈）催促关电视去睡觉，孩子正看到高兴处，拖延着说再等一会儿，家长干脆动手强行关了电视，孩子一气之下摔了遥控器。于是，一场"家庭大战"分分钟爆发……

大家之所以不愿意面对和接受负面情绪，尤其是不愿意看到孩子有负面情绪，其中一个重要的原因，就是认为负面情绪是坏情绪。其实这个理解是错误的。俗话说，人有七情六欲。可以说，自出生起，各种情绪就伴随人们左右，其中自然包括所谓的"负面情绪"。

有人将情绪比喻为"送信的客人"，所送的每一封信都来自人们的内心。无论这些信的内容你喜欢还是不喜欢，对信使都要以礼相待，对信的内容也应该尽量理解并正确应对，这样，完成任务后的信使便会走开，不会再打扰你。反之，如果你由于反感或惧怕信的内容，而对信使闭门不见，那他就会无休止地来敲你的门，千方百计地寻找你的薄弱环节，直到破门而入。

情绪是人们内心的一种真实感受，是人们对人生的真实体验，是没有好坏之分的。对待会带来不适感的负面情绪，不能采取回避、排斥等态度，这样做不但不能使其消失不见，反而会使其破坏力因强行压制而增大，一旦找到宣泄口就会爆发。

因此，我们要学会面对、接纳和疏导负面情绪。为人父母者，更有责任帮助孩子学会怎样应对负面情绪带来的困扰。

综艺节目《二胎时代》中，曹颖在处理孩子情绪方面的做法值得家长朋友们学习、借鉴。

在《二胎时代》中，曹颖的儿子王梓涵看到爸爸妈妈对妹妹特别好，有些生气了，口气很生硬地说"让妈妈走开"。爸爸听到孩子这样说话，显然不满意，马上拿出父亲的威严，严厉地"命令"他好好坐下吃饭，并且还像许多家长一样，数起了"1、2、3"，威胁儿子。

这时候，曹颖的做法堪称教科书级别。她把老公劝到一边，蹲下身体，问儿子："你在生气吗？"然后又将儿子拥入怀中，安抚他："妈妈最爱你了。"儿子在曹颖的怀抱中哭泣了一会儿后，情绪渐渐平复。见儿子的大哭变成了抽泣，曹颖开始引导他调整情绪，说："好，现在平静。吃饭的时候哭对身体不好。"等儿子的情绪基本平静下来后，曹颖又尝试和他交流，并给了孩子充分的选择权，问他想和爸爸谈还是和妈妈谈。当儿子选择了妈妈后，曹颖耐心地给他解释刚才对妹妹特别好的原因。

在曹颖一系列的"理解——接纳——安抚——交流"的操作下，孩子的不良情绪也逐渐通过"表达——宣泄——释放——调整——消化"这个过程得到化解，不仅不再介怀爸爸妈妈"偏爱"妹妹，还担当起了"小哥哥"的角色，拉着妹妹叫她"小

第四章 传递"正能量",让孩子的世界充满"阳光"

可爱"。

"洪水宜疏不宜堵",对待负面情绪也是如此。相对于成年人来说,孩子的情绪更容易受到外界事物的影响,也更容易表露出来。但是,很多家长难以做到平和、完美地帮助孩子应对和排解负面情绪,有的还会斥责孩子"不懂事""没出息"等。因此,为数不少的孩子因为惧怕家长,只能无条件地克制自己,即使有了委屈、不满、伤心等,也不敢在家长面前表现出来,这非常不利于孩子的身心健康发展。

孩子的成长过程是一个不断学习、不断进步的过程,控制情绪、管理情绪同样需要学习。孩子年幼的时候,各种情绪的体验都有助于孩子认识自己的情绪,并有助于他们学习管理情绪,是情商得以提高的一个必经的过程。当孩子产生负面情绪时,如果家长不能对其进行正确地引导,让其学会心理自助、心理调节,孩子就容易产生各种心理问题。比如,有的孩子会因为长期压抑内心情绪,变得敏感脆弱,甚至形成讨好型人格;有的孩子会因为家长的粗暴对待而变得叛逆,将自己的负面情绪扩大化。

总之,每个人都应该学会认识和掌控自己的情绪,包括负面情绪。对于孩子来说,这是一个漫长的过程,在这个过程中,家长的引导和示范作用至关重要。因此,作为家长,应该随时关注孩子的感受,并接纳孩子的情绪。当孩子取得进步时,一

高效亲子沟通

起和他们分享快乐；当孩子有负面情绪时，也能平和地接纳，并帮助和教会他们去疏导和排解，从而使他们走出负面情绪带来的阴影。

名师提示

我们经常强调情商对一个人的重要性。在现代社会，一个人如果情商不高，不仅很难成功，而且在日常生活中也会处处碰壁。心理学研究发现，人与人之间的情商高下之分，并不是来自于先天的差别，更多与后天的培养息息相关。正确应对负面情绪，就是培养情商的一个重要方面。当孩子产生负面情绪时，家长应该注意避免以下几种错误做法：

（1）恐吓威胁。这种强行压制的方法会使孩子不敢表达自己的情绪，对孩子的安全感和自尊心都会带来伤害，甚至产生长期的影响。

（2）训斥指责。有的家长在孩子流露负面情绪时，会指责孩子"窝囊废""没出息"等。这种话说多了会扭曲孩子的自我认知，觉得自己就是那样的人，严重的还会自暴自弃。

（3）息事宁人。有的家长在孩子哭闹时会迅速妥协，用"买东西"等方法来"哄"。这样容易让孩子养成"情绪勒索"的习惯。

第四章 传递"正能量",让孩子的世界充满"阳光"

挫折也是财富,不经历风雨怎能见彩虹

在漫长的人生旅途中,会遇到各种境况,有一帆风顺的坦途,也有坎坷崎岖的逆境。绝大多数父母都希望自己孩子的人生之路能够尽可能地顺利一些,因此也就尽力在学习、生活等各个方面给予孩子保护。当然,这是每一位为人父母者应尽的责任,每一位孩子的健康成长也需要父母的爱和保护。但是,我们应该认识到一个不容忽视的问题,那就是孩子不可避免地会遇到来自各方面的挫折,小到诸如在学校受了批评、考试成绩不理想等,大到诸如将来走上社会工作不顺心、创业失败等,各种各样的情况都有可能发生。而作为父母,是不可能永远为孩子提供全方位保护的,孩子的人生之路毕竟还是要靠他们自己去走。

英国心理治疗师尼克·卢克斯摩尔说:"无休止地从失败的经历中保护孩子们对他们是有害无益的,当失败再次发生时,孩子们就会觉得很羞耻、难以理解甚至难以接受。"因此,教

会孩子如何面对挫折，帮助孩子养成"不怕输"的性格，使孩子具有"大不了从头再来"的良好心态，才是对孩子最好、最持久的保护。

大家上中学时写议论文，大概都背过一些经常被用来做论据的文字，类似于"不经历风雨怎能见彩虹"的有很多，最常用的应该是："文王拘而演《周易》；仲尼厄而作《春秋》；屈原放逐，乃赋《离骚》；左丘失明，厥有《国语》；孙子膑脚，《兵法》修列；不韦迁蜀，世传《吕览》；韩非囚秦，《说难》《孤愤》。《诗》三百篇，大抵圣贤发愤之所为作也。""故天将降大任于是人也，必先苦其心志，劳其筋骨，饿其体肤，空乏其身，行拂乱其所为。所以动心忍性，曾益其所不能。"

这些千古传诵的名句激励了一代又一代的人。确实，许多成就了一番事业的成功者都经历了重重苦难的折磨，似乎成功与挫折是"标配"。于是，有人说："苦难是人生的一笔财富。"这句话对于走出挫折、走向成功的人来说当然"没毛病"。然而，我们必须看到，还有为数不少的人最终被逆境和困难打败。因此，挫折其实就像一把双刃剑，有时，它能够催人奋进，激发出人的潜在力量；有时，又会摧毁人的自信心，使人失去拼搏的勇气。之所以出现如此悬殊的区别，很重要的一个原因是面对挫折时，不同的人有不同的态度，如果能够勇敢直面人生的挫折，把挫折当成垫脚石，便会成为站得更高、看得更远的强者；反之，

第四章　传递"正能量",让孩子的世界充满"阳光"

则会在挫折面前退缩不前。

举一个学校中常见的例子。

有一年,我接新高一,班里有一个叫田田的女生,入班成绩排在中等偏上,但是,第一个月的月考后她的各科成绩都有所下降。我特意找她谈话,看得出这孩子心理压力比较大。我安慰她,说刚升入高中,同时学九门功课,难免会有些顾不过来,并且比起初中来说,各学科难度都有很大幅度的增加,成绩起伏一些很正常。也许是由于刚到校不久,和老师还不熟悉,田田没有说太多,只是说自己会努力学习。

很快,期中考试到了。成绩出来后,田田的成绩又有了明显的下降。我又找她谈话,这次她忍不住哭了。说实在的,看这孩子哭出来,我反倒松了口气,因为凭经验我知道,孩子哭泣本身其实就是不良情绪的发泄,哭过之后心里也就会好多了。并且孩子能对着老师哭,说明是对老师的信任,是会对老师说心里话的。

果然,田田哭过之后,情绪平静了下来。她对我说,自从升入高中后,她感到了前所未有的压力。原来在小学和初中时,她的成绩一直名列前茅,爸爸妈妈、爷爷奶奶、姥姥姥爷都以她为骄傲。尤其是中考之后,她顺利进入理想的高中,家里人都高兴得不行,奶奶还笑话爷爷,说他恨不得买个高音喇叭满世界去广播。但是,当真正进入"传说中的牛校",她有些吃惊地发现，身边的同学有太多真正是"传说中的牛娃"。课堂上，老师提出的问题，自己还没有反应过来，就有同学已经不假思索地说出了答案；课余活动时，很多同学"秀才艺"，琴棋书画各有精通，自己只能充当观众；尤其是自己在功课上费了九牛二虎之力，但成绩还是在逐步下降……这一切都让田田深深地自责，怀疑自己以前是不是假优秀，甚至感到对不起家人，无颜见江东父老。

那天，我和田田谈了很多，我告诉她，这应该是她在学习上第一次遇到比较大的困难，也是人生第一次遇到挫折。"宝剑锋从磨砺出，梅花香自苦寒来"这一类的语句不是背诵了仅仅写作文用的，更关键的是要学习前人身处逆境百折不回的精神。然后我又给田田讲了一些我以前教过的学生的例子。其实，像她这样的情况很普遍，几乎每一届、每个班都会有，一时的不适应不代表一直不适应，只要自己树立信心，调整好心态，找到适合自己的学习方法，学习成绩就能赶上去。随后，我又联系了田田的父母，和他们交换了意见。田田的父母表示，不给孩子施加压力，全力配合老师的工作，帮助孩子调整心态。一段时间以后，田田的精神状态有了明显好转，成绩也逐步上升了。

在孩子求学的过程中，每当升入高阶段的学校后，比如小学升入初中、初中升入高中、高中升入大学等，都会有一部分

第四章 传递"正能量",让孩子的世界充满"阳光"

同学感到不适应,并且越是在教学条件较好的学校,越是原来学习成绩较好的学生,这种现象越明显,因为在原来的环境中出类拔萃的孩子一下子进入高手云集的地方,有失落感是很正常的。对于学生来说,这种不适应就相当于挫折。但是,面对这样的挫折,有的学生能迅速调整心态,适应新的学习生活;有的却悲观失望,一蹶不振。究其原因,其中占主导因素的无外乎当事者是否有经受得住挫折的韧性和面对困难不屈不挠的拼劲。

以上所举的只是一个常见的例子,并且这种挫折往往可以预见,老师也能给孩子提供及时的帮助。但是,在人生的道路上,还有许多挫折是不可预见的,当事者只能凭借自己的力量来拼搏,这就需要顽强的意志力和忍耐力。因此,作为父母,要注意从小培养孩子良好的耐挫力和积极乐观的人生态度,教会孩子敢于面对挫折、不怕失败,让孩子学会从挫折中吸取经验、从失败中得到教训,从而更好地提升自己,把挫折和困难转化为通往成功的阶梯,使孩子的人生道路能走得更远、更踏实。

名师提示

如何直面人生的挫折,在挫折中学会坚强,是每个孩子的人生必修课。父母可以从以下几个方面帮助孩子提高抗挫折的能力:

(1)教会孩子正确看待挫折和困难。很多时候,令孩子失去奋斗勇气的往往不是挫折本身,而是其对待挫折的态度。比如,学习遇到困难,孩子想的是"我太笨了学不会",而不是"这个知识点难度确实比较大,但我一定有办法弄懂它"。要让孩子明白,胜负并不重要,跌倒了站起来的姿态才最重要。

(2)教会孩子克服困难的办法,提高其应对挫折的能力。既然挫折是不可避免的,那么就要用一定的办法来应对,比如和好友谈心,说出自己的困扰并寻求帮助。

(3)给予孩子无条件的爱。不要让孩子认为只有自己学习好(或其他方面优秀)父母才会爱自己,使孩子拥有自信。

第四章 传递"正能量",让孩子的世界充满"阳光"

让孩子适当吃苦,是真正的富养

有一句话大家应该很熟悉:再穷不能穷教育,再苦不能苦孩子。

对于很多家长朋友来说,这绝不是一句口号或标语,而是坚决奉行的"育儿宗旨",尤其是后半句的"再苦不能苦孩子",更是恨不能奉为真理和经典。于是,我们经常可以见到这样的现象:父母对自己精打细算、省吃俭用,但对孩子提出的买名牌时装等高消费要求毫不犹豫地满足;父母下班回家后再疲惫,也不舍得让孩子做一点家务;父母从不舍得出去旅游,但当孩子说"世界这么大,我想去看看",父母便赶紧筹钱给孩子报名……

当然,父母总是希望给孩子最好的、不舍得让孩子受委屈、不愿意让孩子吃苦,这份心情可以理解。但是,对于孩子来说,什么才真正是"最好的"呢?那些被父母"捧在手里怕摔了,含在嘴里怕化了"的"小皇帝""小公主",长大后又怎么样了呢？

都市情感剧《都挺好》中，演员郭京飞饰演的苏明成便是被母亲宠着长大的。许多观众评论说，苏明成这个角色给宠溺孩子的父母上了很好的一课。

苏家是一个重男轻女的家庭，苏家老二苏明成从小嘴巴甜，深得苏母宠溺，不仅生活中处处偏心他，而且尽力为他搞定所有的"大事"——高考成绩不好就花钱上高价学校、毕业后托关系给他找工作、结婚时卖掉老宅为他置买婚房。苏明成结婚后，苏母依然无怨无悔地扮演慈母的角色。老两口处处压缩开支，甚至身体不舒服了也不舍得去医院看病，但每月都要"借钱"给儿子，还经常去儿子家帮忙打扫卫生……

在苏母的精心呵护下，苏明成生活得快乐而又阳光。但是，这一切都随着苏母的猝然去世而改变。习惯了什么事都依靠母亲帮助的苏明成，就像一个心理上还没有"断奶"的孩子，当生活需要他独自面对的时候，性格中的弱点和缺陷渐渐暴露无遗，工作、婚姻相继亮起红灯，曾经的岁月静好变成了一片兵荒马乱。

所幸的是，在屡屡碰壁后，苏明成终于有所省悟，懂得了担当。当他决定报名参加公司的新项目，远赴非洲工作时，朋友替他担心，怕他吃不了那里的苦，他很坚定地回答："苦也得去呀！有些苦，必须得吃，躲不开的。"

第四章 传递"正能量",让孩子的世界充满"阳光"

确实,人生中有许多必须吃的苦,躲是躲不开的。倘若父母在孩子小的时候不舍得让孩子吃苦,早晚有一天孩子会吃到这个世界给的苦头。民间有一个说法,婴儿来到这个世上,第一声便是啼哭而不是笑,就是因为他知道,生而为人是要吃苦的。也就是说,一个孩子只有学会吃苦、能吃苦,才能开始真正意义上的长大。

也许有人会认为,拿电视剧中的人物来举例子缺乏说服力。然而,《都挺好》之所以热播,吸引无数观众追剧,豆瓣评分高达 8.5,其中一个重要原因就是因为人物塑造真实,戳中了现实生活中的痛点。现在,我们经常会谈到"巨婴""妈宝""啃老族"等,这些网络新词说的其实都是不肯吃苦、没有担当、习惯依赖父母的人,有的比电视剧中反映的更显夸张,并且也不是所有的当事者最终都会像苏明成那样有所省悟。

有一个 23 岁的啃老族曾因在法庭上"语出惊人"而上了热搜。

宋某家庭条件较为优裕,从小备受父母溺爱。22 岁那年,经人介绍与妻子认识并很快结了婚。但是,结婚后,两人的生活充满了矛盾。宋某不愿意上班,整天宅在家里打游戏,没钱了就问妻子要,理由是结婚时父母给了妻子 12 万元的彩礼钱,花完了再说。妻子不肯把钱交给宋某,并且希望他能找份工作。面对妻子的劝说和催促,宋某不但毫无悔改的意思,还因厌烦妻子的唠叨而起诉至法院，要求离婚。

在法庭上，宋某陈述离婚的理由时显得理直气壮："结婚时我们家给她12万彩礼，她凭什么不给我花，这么多钱我不花也太吃亏了。"当妻子质问他，不肯工作等钱花完了怎么办时，宋某依然理直气壮："只要我爹不死，我就饿不着。"

如此奇葩的回答，就连见多识广的法官也是第一次听到。最终，妻子在离婚协议上签了字。

法国18世纪启蒙思想家、哲学家、教育家卢梭曾说："你知道运用什么方法，一定可以使你的孩子成为不幸的人吗？这个方法就是对他百依百顺。"很多父母总想什么都为孩子安排好，不肯让孩子吃一点苦、受一点挫折，但是，每个人的人生之路终究还是要靠自己去走的，人生路上的风风雨雨也终究需要自己去承受。习惯了享受父母庇护的孩子，遇到困难和挫折时，便会暴露出致命的弱点，那就是承受困难、抵抗挫折的能力太差，甚至近乎于零。

知名心理学家武志红所著的《巨婴国》中有这样一句话："巨婴做事，常只能过一招，败了就不行了；成熟的人做事则可以连续过很多招，因为懂得努力的价值。"近些年，我见到过一些厌学的孩子，有的是我的学生，有的是厌学孩子的家长通过朋友关系辗转找到我，希望帮忙开导一下孩子。当然，造成孩子厌学的原因有很多，其中为数不少的孩子是因为从小受到父

第四章 传递"正能量",让孩子的世界充满"阳光"

母溺爱,生活上、学习上都没有吃过苦。小时候功课相对简单,凭着聪明不难对付,一到中学课程难度增加,成绩、名次下滑,孩子感觉很没面子,但是又没有迎难而上的勇气,受不了拼搏奋斗需要吃的苦,于是便干脆退缩。这一类的孩子普遍智商较高,但正如姜文教育孩子时所说,"郎朗天分确实很高,但他也要天天练琴"。是呀,成长之路没有捷径可走,一个人如果仅仅凭着小聪明,什么事情都浅尝辄止,是不可能取得成功的。

美国最高法院首席大法官约翰·罗伯茨受邀参加儿子的初中毕业典礼时,曾发表了一场与众不同的演讲,不仅在社交媒体刷屏,还引发了许多人的反思,被网友评论为"赢得了全世界的掌声"。让我们看一下他演讲的译文。

"通常,毕业典礼的演讲嘉宾都会祝你们好运并送上祝福,但我不会这样做。

我希望你们在未来岁月中,不时遭遇不公对待,这样才会理解公正的价值所在。

愿你们尝到背叛滋味,这会教你们领悟忠诚之重要。愿你们偶尔运气不佳,这样才会意识到机遇在人生中的地位,进而理解你们的成功并非命中注定,别人的失败也不是天经地义。

当你们遭遇失败时,愿你们受到对手幸灾乐祸的嘲弄,这才会让你们理解竞争精神的重要性。

愿你们偶尔被人忽视,这样才能学会倾听;遭受适当的痛苦,那样你就能拥有同情心。

无论你我愿不愿意,这些都必将迟早会来临。而你们能否从中获益,取决于能否参透人生苦难传递的信息。"

当然,我们并不是在赞美苦难,也不是提倡要刻意在物质方面委屈孩子,让孩子吃生活的苦头。苦难本身没有任何意义,使人得到成长的也不是单纯的"吃苦",而是吃过苦之后的感悟和思考,是勇于直面苦难、抵抗挫折的能力,是战胜苦难之后的成就感和幸福感。因此,爱孩子,就不要让孩子成为生长在温室里的花朵,要舍得让孩子适当吃苦,并鼓励孩子通过努力去战胜苦难,从中汲取战胜苦难的智慧,使孩子拥有坚强的内心力量,助力人生起航。这,才是我们给孩子的最好的教育,也是适当让孩子吃苦的真正意义。

名师提示

在孩子的成长过程中,适当地吃一些苦,有利于培养孩子坚韧不拔的意志和锲而不舍的毅力,有利于唤醒孩子挑战自我、适应艰苦环境的意识。早一点让孩子吃苦是为了将来不会吃更大的苦。家长可从以下几个方面对孩子进行适当的吃苦教育:

(1)让孩子接触和体验真实的生活。比如根据孩子的年龄、体力等具体条件,让他们承担相应的家务劳动,年龄大一些的孩子要鼓励他们参加志愿者活动。

第四章 传递"正能量",让孩子的世界充满"阳光"

（2）让孩子吃一些体力方面的苦头。比如带孩子郊游、爬山、游泳，鼓励孩子参加各种体育运动项目。

（3）身体力行为孩子做出表率。比如要想让孩子在学习方面能吃苦、肯钻研，父母就要在自己的工作上尽心尽力，并坚持学习。

多给孩子一些欣赏,让孩子充满自信

很多家长在教育孩子以及与孩子日常相处的过程中,会不自觉地盯着孩子的缺点,而忽略掉孩子的优点。就像一个大家耳熟能详的故事说的那样,如果一张白纸上有一个黑点,人们往往只会注意到"黑点",而对"白纸"视而不见。当然,家长发现并指出孩子的缺点,是希望孩子更优秀,出发点是好的,但是,如果一个孩子总是处于被批评、指责之中,对孩子的成长又会有什么样的影响呢?

《红楼梦》中对贾环的刻画也许能够给我们一些启示。

贾环是贾政和赵姨娘的儿子,虽然是庶出,但也是正经八百的贾府少爷,是贾宝玉的亲弟弟。然而,众人对待宝玉和贾环的态度可谓天壤之别。贾母、王夫人等长辈嫌弃他"人物猥琐、举止荒疏",平日里懒得搭理他,气急了就责骂一顿。平辈的兄弟姐妹也不带他玩,大家结社写诗、赏雪探梅、喝酒取乐,玩得不亦乐乎,但这些活动中从来没有贾环的身影。就

第四章 传递"正能量",让孩子的世界充满"阳光"

连小丫鬟也瞧不起他,当面就撇嘴:"好歹也是个爷呢,还和我们计较这个。瞧瞧人家宝二爷。"气得贾环当场哭鼻子:"我拿什么和宝玉比,你们谁都瞧不上我。"结果转身又被凤姐训斥了一番:"你明儿再这么下流狐媚子,我先打了你,打发人告诉学里,皮不揭了你的!为你这个不尊重,恨得你哥哥牙痒,不是我拦着,窝心脚把你的肠子窝出来了。"

确实,贾环是一个不讨人喜欢的孩子,不但外貌、气质、才学等都不如宝玉,而且心理还有些阴暗,办了很多令人不齿的事情。但是,反过来想一想,他之所以屡次使坏,其实与人们对他的态度不无关系。众人的厌弃对他来说其实是一种强烈的心理暗示,在这种暗示的持续刺激下,他就很容易形成"我很糟糕"的自我评价,做起事情来自然会报复性地、变本加厉地使坏。当然,我们对待孩子不能像贾府一干人等对待宝玉那样众星捧月,但如果总是批评、指责孩子,恐怕孩子就会变成"贾环"。

被公认为"自信理论之父"的著名心理治疗师纳斯尼尔·布兰登(Nathaniel Branden)在《自尊心理学》中曾说:"对于人类而言,在一个人的心理发展与心理动机方面,他对自己的评价,比任何道德评价都更重要,比任何因素都更有决定性作用。一个人的自我评价对这个人的思考过程、情绪、希望、价值观及目标都有着极为深远的影响,是决定一个人行为最关键的因素。"

如果一个人的自我评价比较乐观、积极，那么这个人就会有自信，做起事情来有热情、有动力；反之，如果一个人的自我评价过低，往往会产生自卑心理，做起事情来就会表现得畏缩不前、缺乏勇气。对于正处在成长阶段的孩子来说，往往是通过周围的人，尤其是父母、家人、老师等亲近的人对自己的评价而认识自我的。也就是说，一个人能否得到别人的欣赏，往往会决定他的自我评价的高低优劣，进而影响到他对待人生的态度，在其成长道路的起点上起着至关重要的启蒙作用。

俄国的两位大文豪——伊凡·谢尔盖耶维奇·屠格涅夫和列夫·托尔斯泰曾经有过一段渊源，堪称俄国版的"伯乐与千里马"，被文学界传为佳话。

1852年秋天，已经是著名作家的屠格涅夫在郊外打猎，无意间在树林中捡到了一本皱皱巴巴的《现代人》杂志。出于对文学的喜好和阅读的习惯，他便翻看了起来。但这随意一翻却翻出了惊喜，他被其中一篇题为《童年》的中篇小说深深吸引住了，再一看作者叫列夫·托尔斯泰，是一位从来没有听说过的无名小辈。

屠格涅夫对这篇小说非常欣赏，并且他更欣赏的是写出这篇文章的那位初出茅庐的陌生作者。于是，屠格涅夫开始四处打听托尔斯泰的情况。后来有人告诉他，这是一个身世坎坷的年轻人，自幼父母双亡，被姑母抚养长大，现在正在高加索服役。

第四章 传递"正能量",让孩子的世界充满"阳光"

屠格涅夫又辗转找到了托尔斯泰的姑母,亲自登门表达了自己对他的肯定和欣赏,请姑母代为转达。

姑母非常高兴,特意写信将此事告诉了远在毕加索的侄子。收到姑母的信后,托尔斯泰简直不敢相信,原本是信笔涂鸦排遣心中苦闷和寂寞的处女作,竟然能够得到著名作家的赏识,这件事极大地激励了他,找到了自信和人生目标,点燃了他的创作热情,一发不可收地继续写了起来。

后来,托尔斯泰写出了震惊世界的名著《战争与和平》《安娜·卡列琳娜》《复活》等长篇巨著,最终成为具有国际声誉和世界影响的艺术家和思想家,被列宁称为"俄国革命的镜子"。

我们不妨试想一下,假如没有屠格涅夫的欣赏和鼓励,当时正被现实生活的苦闷困扰的托尔斯泰又能否坚持自己的写作之路呢?答案很可能是否定的。也许会有人说,托尔斯泰之所以能够成为世界级的文豪,其根本还在于他本身才华横溢,屠格涅夫的欣赏只不过是一个契机。如果一个人本身没有才华,再欣赏也无济于事。其实这种想法是非常错误的。当然,不是每个人都能干出一番轰轰烈烈的事业,但人生成功的定义也不能仅仅局限于考名牌大学、找好工作、挣大钱等等。我们讲要欣赏孩子,发现孩子的闪光点,就是对每个资质不同、天赋不同的孩子,尽可能地帮助他树立自信,让他学会自我欣赏,用积极、阳光的心态走好自己的人生之路。

高效亲子沟通

萧伯纳是英国现代杰出的现实主义戏剧作家,因作品具有理想主义和人道主义而获诺贝尔文学奖。他曾说过这样一句话:"有信心的人,可以化渺小为伟大,化平庸为神奇。"成长中的孩子由于心智还不够成熟,遇到问题时需要来自父母的意见和态度,这个时候如果父母能够给予孩子欣赏、赞扬,就有利于增强自信心,也有利于增强亲子关系的亲密度,使亲子沟通更为顺畅、有效。

我国一家教育机构曾在全国范围内做过一项调查,调查的对象是中小学在校学生,调查的题目是"你最想从父母那里得到什么",并给出了多个选项。调查结果显示,"希望父母看到我的努力和进步,肯定我、表扬我"这一选项高居首位,比例高达56.82%。

对于孩子来说,父母的欣赏和肯定是爱的表现,代表着信任、理解,本身就是一种非常有效的沟通。孩子从父母对自己的欣赏中,可以感受到激励和引导,有利于孩子更好地发挥自己的优点和长处,更加健康快乐地成长、进步。

名师提示

我们经常说:"好孩子是夸出来的。"如果父母能够用欣赏的眼光看待孩子,并适时给予孩子鼓励和赞赏,孩子就能充满自信和力量,做起事情来会更加努力,从而激发出内在的潜能。欣赏孩

第四章　传递"正能量",让孩子的世界充满"阳光"

子,可从以下两个方面做起:

(1)欣赏孩子的自身进步,少做横向比较。比如,当孩子考试取得不错的成绩后,要表扬孩子"比上次进步很多",而不是"考了前几名"。因为后者会对孩子造成一种无形的压力,担心下次考试考得不如别的同学。

(2)欣赏孩子要重过程、轻结果。作为父母,不能只把目光盯在最终的结果上,要对孩子努力的过程表达欣赏,这样孩子就会明白,父母在时刻关注自己,只要自己努力了,哪怕结果不太理想,父母也会看到自己的付出并帮助自己走出困境。这对于孩子来说就是信心的源泉,是保证孩子不懈努力的有力武器。

多给孩子一些激励，满足孩子的成就感

成就感是我们经常说到的一个名词，指的是当一个人完成一件事情或者在做一件事情的过程中，所产生的成功或愉快的感觉。成就感是一种积极的心理感受，是实现自我价值、得到认可的满足感。如果一个人在取得成绩时能够得到他人的激励，就会使他的成就感得到强化，从而产生继续追求满足的需要，这是一种蕴含着巨大正能量的动力，使人更加拼搏进取。因此，"激励"与"成就感"之间，是一种相互促进的良性循环的关系。

美国心理学家亚伯拉罕·马斯洛在《人类激励理论》一书中将人类需求像阶梯一样从低到高分为五个层次，分别是：生理需求、安全需求、社交需求、尊重需求和自我实现需求。这里说的"自我实现需求"其实就是"成就感"，是成功之后对自我价值的认同，可以激发人们自觉自发地投入到新的学习、工作之中。

成就感不仅对成年人的生活、学习、工作等产生良好的促进作用，对成长阶段的孩子更是至关重要，并且，孩子的成就

第四章 传递"正能量",让孩子的世界充满"阳光"

感更需要周围的人,尤其是父母的激励。

我们可以举一个常见的小例子。

搭积木是几乎每一个孩子都喜欢玩的游戏,如果孩子在玩的时候,父母压根不关注他,只顾自己在一旁玩手机或者干别的事情,那么孩子玩一会儿也就会感觉没意思,有时还会哭闹起来;如果家长陪着孩子一起玩,当孩子搭出新花样的时候及时表扬他、鼓励他,为他热烈鼓掌、疯狂打 call,孩子就会自豪得小脸通红,越玩越起劲,搭出更多的新花样来。

这个例子就是由于家长的激励和表扬使孩子的成就感得到极大满足,并产生出"我要玩得更好"的动力。在孩子的成长道路上,这样的例子不胜枚举。对于孩子来说,任何点滴进步都需要付出努力,因此,作为父母,要时刻关注并激励孩子,满足孩子的成就感,使之成为孩子进步的内驱力,从而向更高、更远的目标进发。

我曾经看到过一个耐人寻味的故事。

在开往北京的火车上,一个满脸自豪的中年男子对邻座的乘客自我介绍,说自己是去看望孩子的,他的儿子前两年考上了清华,女儿今年又考上了北大。此言一出引得周围的乘客一片惊叹,纷纷请教"教子秘籍"。但这位学霸父亲腼腆地说,其实自己文化程度不高,教不了孩子什么,都是孩子在教他。

原来,自从孩子上学以后,这位父亲就坚持每天和孩子一起学习，让孩子每天放学后充当"小先生"，把当天在学校学到的知识教给自己。他的这种做法极大地满足了孩子的成就感，使孩子始终保持了充足的学习劲头，成绩也一直名列前茅。

我教过的一个学生以及他的父亲和这个故事形成了鲜明的对比。

有一年新学期开始后，我们学校一位优秀的数学老师（在我们这个城市的教育界也小有名气）的儿子分到了我带的班级。最开始我想当然地认为这个孩子的数学成绩一定不错，有这么一位牛气的数学老师做父亲，多么得天独厚的条件呀！但是，入班后我渐渐发现，这个孩子的数学成绩虽然还可以，但远没有我想象中的好，尤其是这个孩子对数学表现得兴味索然，完全是一副"不得不学"的样子。

后来我找这个孩子谈心，因为本来就比较熟悉，他也很快就对我敞开了心扉，说正是他父亲给他造成了极大的压力。自小学开始，老师们都知道他父亲教数学非常棒，于是好像他的数学就该"天然好"，考好了大家感觉天经地义，万一考差一点就会有人说："你竟然……"有时候，他做出一道难度很大的题，自己感觉很兴奋，但他父亲在旁边一脸的不以为然："这么简单的题一看不就明白了吗？这么老半天才做出来，有什么好沾沾自喜的？"

最后，这个孩子很委屈地对我说："老师，你觉得这样对

第四章 传递"正能量",让孩子的世界充满"阳光"

我公平吗?我爸又没有把他的数学知识遗传给我,我也是从1+1=2一点点儿自己学的呀。还有我爸,总是嫌我笨,拿我跟他带的那些参加全国数学竞赛的学生比,弄得我没有一点成就感。我现在学数学完全凭理智逼着自己学,还真热爱不起来。"

这个孩子的一番话让我不由得心生感叹,孩子背负这样的重压前行其实挺不容易的。对他进行了必要的安慰、引导后,我又专门找了他的父亲,转述了孩子的苦衷。毕竟是从事教育工作多年的教师,他很快就意识到自己"恨铁不成钢"的教育方式确有不妥之处,说会注意改变并和儿子就此事好好沟通。

这次沟通后,这个孩子的父亲果然转变了对待儿子的态度。我又给我们班的数学老师说了这件事情,大家都达成了共识。后来,这个孩子对我说,在学习数学这件事上终于受到了老师和父亲的表扬,感受到了成就感,自己也越学越愿意学了。

我们平时经常可以见到这样的现象:学习成绩好的孩子经常受到老师和家长的表扬,同学也经常表达羡慕,他们从中感受到强烈的成就感,学习起来劲头更足;相反,学习成绩不好的孩子得到的多是老师和家长的批评,甚至还有同学的冷遇,他们尝不到学习的甜头,也就没有学习的动力,久而久之,便失去了学习的兴趣,成绩也就越来越差,陷入恶性循环。因此,我们在教育、引导孩子的过程中,要注意以鼓励和表扬为主,激发和保护孩子的成就感,从而激发孩子的主观能动性和创造性。

高效亲子沟通

另外，我想着重提醒家长朋友的是，由于传统教育理念的影响，很多家长怕孩子取得成绩后会"嘚瑟"，为了避免孩子骄傲，就以打压为主。这种教育方法的初衷是为了防止"骄傲让人落后"，但结果往往是打击了孩子的自信心，使孩子体会不到成就感的快乐，对孩子的成长是十分不利的。因此，我们要允许和鼓励孩子适当地"小骄傲"，因为这种"小骄傲"是成就感的体现，是自我价值的实现，有助于孩子激励自己更好地进步。

名师提示

正如心理学家盖兹所说："没有什么比成功更能增加满足的感觉，也没有什么东西比成功更能鼓起进一步求成功的能力。"作为家长，要注意多给孩子一些激励，满足孩子的成就感，并细心呵护和懂得分享孩子的成就感，从而使孩子树立强大的自信心和上进心。

（1）帮助孩子制定切实可行的"小目标"，关注成长过程中取得的点滴进步，并用多种形式激励孩子的成就感，比如为孩子的作文制作一本作文选，为孩子的运动项目制作一套影集等，增强孩子的自豪感。

（2）对待学习成绩不理想或者其他方面有所不足的孩子，不能一味地批评、指责，要想办法帮助他们取得进步，并给予鼓励和表扬，使他们感受到成就感的快乐，这就有可能成为他们进步的转折点。

第五章
用尊重建立沟通的无障碍通道

> 高效亲子沟通

给予尊重,让孩子感受到平等

人与人之间的交往和沟通是建立在真诚和尊重的基础上的,亲子之间同样如此。美国著名的哲学家与心理学家威廉·詹姆斯说过:"潜藏在人们内心深处的最深层次的动力,是想被人承认、想受人尊重的欲望。"

尊重是人的高层次的心理需要。一个孩子的成长环境如果充满尊重,他就能够从中学会自尊和尊重他人。在家庭教育中,如果家长能够把自己放在与孩子平等的位置上,给予孩子应有的尊重和信任,孩子就能从中找到归属感和安全感,找到自信和自尊,同时,他们也就能自然而然地学会尊重父母、尊重他人。

法国经典电影《放牛班的春天》讲述的就是一个关于尊重、平等对待孩子的故事,对家长朋友来说应该很有启发性,也很有教育意义。

故事发生在一个专门接收"问题儿童"的辅育院。"放牛班"这个名词来自于台湾俚语,意思是说"顽劣成性的坏孩子"

第五章 用尊重建立沟通的无障碍通道

组成的班级，已经被"放牛"一样放任不管、彻底放弃了。

在辅育院中，院长和老师们用近乎残暴的高压手段来管理这些孩子，因为在他们眼中，这些孩子都是无可救药的。于是，惩罚几乎成了这里唯一的"教育手段"。训斥、体罚是家常便饭，禁止探视、关禁闭、殴打等也经常发生。但是，这些严厉的惩罚措施并没有使孩子们痛改前非，相反，他们似乎变得更坏了。由于没有归属感和价值感，这些孩子开始自暴自弃，一有机会便搞破坏，变着花样报复老师和院长，一个叫孟丹的学生，甚至放火想烧了辅育院。

但这一切随着一个叫马修的新老师的到来，悄悄发生了改变。

马修老师是一个失意的音乐家，迫于生计来当代课教师。刚到辅育院时，孩子们"迎接"他的是花样百出的恶作剧——喊他"光头老师"，还编了一首"光头老师之歌"，在讲台边挖陷阱，偷走马修老师的乐谱，等等。

面对这群顽劣的孩子，马修老师没有像别的老师那样一味地惩罚，他表现出了孩子们久违的被宽容和尊重。他尝试让每个孩子都参与到班级管理中来，当麦神父因孩子们的恶作剧受伤时，他让闯祸的孩子去照顾受伤的麦神父，以此免去关禁闭的惩罚。同时，马修老师还在努力寻找孩子们的优点，并把优点放大。他无意间听到孩子们唱的"光头老师之歌"，不但没有发火，反而认为孩子们的嗓音不错，便组建一个合唱团，并根据每个孩子的特点,让他们都参与到合唱团中,使他们每个人都找到了自己的价值。

在马修老师的悉心呵护和鼓励下,这些一度不被所有人看好的孩子开始变得自信、自律,并且他们的能力也被激发出来,合唱团的歌声越来越悦耳动听。更为重要的是,在天籁般的歌声中,孩子们的脸上洋溢起幸福的光彩,院长和其他老师也不再刻板粗暴,整个辅育院的氛围都发生了改变。

当然,《放牛班的春天》只是一部电影,讲述的故事距离我们的日常生活也很遥远。但是,任何文学作品都来源于生活,在孩子教育这个问题上,也没有国界、种族等的区别。因此,这部电影中传递的对教育方式的反思,值得我们每个家长朋友思考和借鉴。

也许会有家长朋友认为,和辅育院的孩子们所受到的惩罚相比,自己对孩子的惩罚微不足道,况且自己的本意是为了孩子好,并且,很多时候冲孩子吼上几句甚至打上两下,确实能收到立竿见影的效果,因此,惩罚也许是一个不错的教育方法。然而很可惜,这种想法其实是错误的。

首先,打骂给孩子带来的伤害很难估量。每个孩子的心理承受能力都是有所不同的,面对同样的训斥、打骂,比较粗线条的孩子也许不久便淡忘了,但有些心思细腻的孩子会很"受伤"。因此,对待不同的孩子一定不能用一刀切的教育方式。这也不是说对待那些比较"抗造"的孩子就可以无所顾忌,这

第五章 用尊重建立沟通的无障碍通道

种类型的孩子如果得不到足够的尊重,很容易"破罐子破摔",后果也是很严重的。

其次,从教育心理学的角度来讲,无论动机好坏,惩罚带来的负面效应都是一样的。在面对惩罚时,孩子会在潜意识里认定自己就是一个坏孩子,这种潜意识会有损孩子的自信心和自尊心,降低孩子的自我效能感。所谓"自我效能感",简单地说,就是指个体对自己是否有能力完成某一行为所进行的推测与判断。能够受到尊重和平等对待的孩子,自我效能感就比较高,对生活和未来有着积极乐观的心态,有利于身心健康发展,面对困难和挫折时很少感到沮丧和失落,会有更强的动机去努力成就更好的自己。反之,如果一个孩子得不到尊重,经常受到否定和羞辱,那么这个孩子的自我效能感就会降低,要么出现上文中说过的自暴自弃现象,甚至对整个生活都失去了兴趣与热情;要么会对自我能力充满怀疑,认为自己没有能力应对生活中的种种难题,当遇到困难和挫折时,就会因缺乏主动解决问题的动机和信心而轻言失败。

当然,由于力量方面的悬殊,很多孩子受到惩罚后会变"乖",但是,这往往只是出于趋利避害的本能,而不是心悦诚服的后果。即使有不错的短期效应,但从长远效果来说,会影响亲子之间的亲密关系,破坏亲子沟通渠道的建立与沟通,是弊大于利的。

《放牛班的春天》中有一句台词说得很好:"每一颗心都

> 高效亲子沟通

需要爱、需要温柔、需要宽容、需要理解。每一个孩子都来自纯净无邪的地方，永远都应该是人间万分疼惜的珍宝。"希望每一位家长朋友，在教育孩子的过程中，都能放下架子，做到尊重孩子，努力寻求与孩子心灵上的沟通与默契，让孩子从中感受到平等，感受到父母的关爱和自身的价值，从而帮助孩子树立自信心和自尊心，提升自我效能感。

名师提示

教育孩子的前提是尊重孩子，尊重是教育的基础。学习如何尊重孩子，如何正确与孩子相处，是家长的一门必修课。大家可以参考以下几点：

（1）尽量避免直接以命令式的语气和孩子交流。牢记孩子在人格上是和父母平等的个体，父母是"养育者"而不是"控制者"。在日常生活中，要注意和孩子的相处方式，学会像对待朋友一样和孩子交流。

（2）学会征求和尊重孩子的意见。凡是与孩子有关的事情，只要不涉及原则问题，尽量征求和尊重孩子的意见，不要事无巨细都打着"为孩子好"的旗号独断专行。

（3）要树立向孩子学习的观念。在这个世界上，每个人都是一个独立的个体，都有自己的闪光点，也都有自己需要学习的东西。作为父母，要学习孩子的优点，这也是对孩子最好的尊重。

第五章 用尊重建立沟通的无障碍通道

尊重孩子的小隐私,为其提供宽松的成长空间

在每个人的心里,都会藏着一些不愿意告诉别人的秘密,这就是"隐私"。我们知道,个人隐私是应该得到尊重的,不能任人偷窥。法律也规定保护每个公民的隐私不受侵犯,这便是隐私权。

在孩子成长的过程中,随着年龄的增长,他们的生活领域不断扩大,知识、情感也在逐渐丰富,相应地,其自我意识、自尊意识都会不断增强。于是,那个曾经对父母无限依赖、毫无保留的"小宝宝"会逐渐变得独立,开始有了自己的小隐私,不愿意再对父母无所顾忌地敞开心扉。这本来是每个人成长过程中的必经阶段,然而,在现实生活中,为数不少的家长对孩子的隐私很不尊重,有的还认为孩子对父母就应该没有秘密,这样才便于管教孩子。于是,偷看日记、私拆信件、偷听电话,等等类似的干涉孩子隐私的"戏码"便会常常在不同的家庭上演。家长的这些做法自然会引起孩子的强烈反感,有时候还会引发

高效亲子沟通

"家庭大战"。

我有一个好友,她的女儿小楠上五年级,是一个活泼可爱的孩子。有一天,小楠突然给我打电话,接通电话后,小楠说:"阿姨,我求你件事,你能不能说说我妈妈?"我听出来这孩子的语气有些气急败坏,就猜想可能是和她妈妈闹别扭了。一问之下,果然是因为小楠发现她妈妈偷看了她的日记,并且当她对此表示不满时,她妈妈不仅不道歉,还理直气壮地说:"我是你妈妈,供你吃供你喝供你上学,看看你日记怎么了?"

弄清楚事情的原委后,我对小楠好言安慰了一番,并保证尽快和她妈妈联系。

但是,当我和好友沟通这件事情时,她对女儿的不满甚至比女儿对她的还多。好友告诉我,就从这个学期开始,小楠的变化很大。以前,放学回家总是缠着她叽叽喳喳说个没完,日记每天都给她看,就连同学之间的悄悄话也学舌给她听,完全是一副标准的"贴心小棉袄"的样子。但是,女儿现在回家后话越来越少,还拒绝妈妈看她的日记,理由是自己长大了,应该有属于自己的秘密了。

听完好友说这些,我说:"孩子说得没错呀。这个年龄的孩子正是自我意识增强的时候,应该有自己的私人空间了。你偷看孩子日记是不对的,应该给孩子道歉。"

听我这样一说,好友有点急,她说:"你以为我愿意偷看呀!

第五章　用尊重建立沟通的无障碍通道

小孩子家家的,什么空间呀秘密呀,哪儿那么多事呀!他们的任务就是学习,秘密多了、心事多了还不得耽误学习呀?我看她的日记,那是为了及时了解她都在想什么。再说了,现在的小孩,复杂着呢,我当妈的不多操点心,等出了事就晚了。"

家长朋友们,小楠妈妈的这些想法你们是不是也有呢?我想,为数不少的家长答案应该是肯定的。确实,每一个试图打探孩子秘密的家长,其出发点都是为了孩子好,但可惜的是,如果方法错了,即使出发点再好,其结果也不会尽如人意。

孩子到了一定年龄后,对父母的依赖会逐渐减小,同时,还会强烈地感觉到自己的独立性,感情也开始变得细腻、丰富,开始拥有自己的小隐私,这是孩子在逐渐走向成人化的表现。作为家长,要尊重孩子的这种成长规律,应该为孩子"长大了"感到高兴,而不应该是怕失去对孩子的控制而诚惶诚恐,甚至采取强硬、蛮横的手段随意侵犯孩子的隐私。很多这个年龄段的孩子就是因为隐私得不到应有的尊重,和家长发生冲突,使亲子关系恶化。更有甚者,还会产生一系列的负面影响,严重的甚至酿成难以承担的后果。这样的案例有很多,在此不想多加叙述,但是要提醒家长朋友的是,一定要引以为戒。

继续讲述小楠和她妈妈的故事。那天,我给好友讲了一些关于尊重孩子隐私重要性的理论后,又跟她分享了一位学生家长的做法。

高效亲子沟通

我的学生嘉嘉是一个阳光帅气的"暖男",不仅学习成绩优秀,而且情商很高。我担任他们班班主任的时候,发现班里有好几个女孩子喜欢他,就连外班也有女生找理由来接近他。说实在的,刚开始的时候,我真担心嘉嘉处理不好。但是,很快我就发现我的担心是多余的,他总是能恰到好处地和女同学相处,并成功把好几个女同学带进了"努力学习"的"阵营"。

作为班主任,很自然地会和学生家长接触多一些,我也想知道嘉嘉的父母是怎样进行家教的,便有意找机会和嘉嘉的妈妈多聊了一些,受益匪浅。

嘉嘉妈妈说,大概从嘉嘉10岁的时候起,她和嘉嘉爸爸进孩子房间时都会先敲门,孩子有什么事情不愿意对爸妈说的时候也不强求。后来,嘉嘉说想给自己的电脑设置一个密码,她和嘉嘉爸爸痛痛快快地答应了,并且告诉孩子,爸妈会尊重他的秘密,但是,如果有什么事感到为难了,希望能告诉爸妈,希望能让爸妈提供帮助。

嘉嘉妈妈告诉我,给孩子充分的自主空间,并不是说对孩子放任不管,而是变"控制"为"引导"。比如说,自上初中开始,就不断有女同学给嘉嘉写信,其中也有嘉嘉喜欢的女孩子。由于父母和嘉嘉有言在先,会充分尊重他的隐私,所以嘉嘉反倒不怕父母会对此过度敏感。他主动对父母说了情况,并征求他们的意见。嘉嘉妈妈说:"孩子主动和我们沟通,说明他是真

第五章 用尊重建立沟通的无障碍通道

心想听取我们的意见。我们也就很坦然地告诉他,男女同学互相有好感很正常,关键是如何处理好。我们和孩子谈了异性交往中应注意的问题,嘱咐他学生阶段学业为重。后来的事实证明,我们的话孩子确实听进去了,事情处理得也挺好。"

经过这番"摆事实讲道理"的长谈,好友终于认识到,要科学、理智地对待成长期的孩子。作为家长,不仅要给孩子提供一个物质的空间,而且要给孩子的精神方面提供一个自由的空间,那就是尊重孩子的隐私权,让孩子感受到来自父母的爱和尊重。只有这样,孩子才能愿意和父母交流,亲子之间的感情才能更融洽。后来,小楠又专门给我打电话表示感谢,说妈妈郑重地给她道了歉,并保证以后会充分尊重她。小楠也答应妈妈,遇到事情会征求妈妈的意见。

名师提示

哥伦比亚大学教育心理学教授金伯利·肖内特曾说:"青少年时期对隐私的需要超过他一生任何其他时期,甚至成年期。如果你认为隐私对你很重要,那么它对你的孩子更重要。"父母充分尊重孩子的隐私,孩子才能有安全感,进而形成自尊、自信、自立的人格。作为家长,应该做到以下两点:

(1)承认孩子是独立的个体,多给孩子一些自由空间。孩子不是父母的私有物品,尊重孩子的"隐私世界",是对孩子人格的

高效亲子沟通

保护。

（2）多和孩子沟通，争取孩子对家长的信任。家长要根据孩子的自身特点，采取适当的方法主动和孩子沟通、交流，倾听孩子的想法，并给出孩子能够接受的意见和建议。

第五章 用尊重建立沟通的无障碍通道

尊重孩子的兴趣爱好，帮孩子扬起前行的风帆

我们经常说，兴趣是最好的老师。无论做什么事情，如果有了浓厚的兴趣，就相当于有了成功的先决条件。很多做出了卓越成就的伟大人物在回忆自己的成长经历时，都表示感谢父母能够尊重自己的兴趣爱好，并尽可能提供支持。

提起前世界首富、美国微软公司创始人比尔·盖茨，大家应该都有所了解。他连续13年成为《福布斯》全球富翁榜首富，连续20年成为《福布斯》美国富翁榜首富，已经成为财富、成功和魅力的象征。比尔·盖茨之所以能够取得举世瞩目的成就，跟他从小受到的良好家庭教育及其父母对他的充分尊重密切相关。

1955年，比尔·盖茨出生在美国西部城市西雅图，他的父亲是一名律师，母亲是一名教师。

在盖茨很小的时候，他父母发现他很喜欢读书，并且对科学、历史等方面的书籍尤其感兴趣，于是，便特意买来许多儿童科

普读物给他。7岁的时候,他就已经通读《世界图书百科全书》。

由于盖茨从小读书多,学习兴趣与同龄的孩子有较明显的差异,在他升初中的时候,他父母便为他选择了西雅图最好的私立中学。就是在这所学校,他第一次接触到了计算机,并很快为之着迷。盖茨从操作手册上学会了BASIC语言,13岁时,他写出了他的第一个软件程序;高中时,比尔·盖茨和大他两岁的同伴保罗·艾伦一起开办了一个软件公司,并获得了2万美元的盈利。

1973年,比尔·盖茨考入哈佛大学学习法律,因为身为律师的父亲希望他子承父业。但是,盖茨的兴趣完全不在学习法律上,他经常泡在学校的计算机房里,通宵达旦地工作。到了大三的时候,他终于决定从哈佛退学专门从事计算机事业。从世界一流的高校退学,这个决定放在绝大多数家庭,应该都会掀起轩然大波,然而比尔·盖茨的父母虽然感到遗憾,但最终还是选择尊重孩子的决定,支持他全力去干自己感兴趣的事情。

就这样,比尔·盖茨在26岁的时候和IBM(美国国际商用机器公司)达成合作,31岁时成为美国历史上靠白手起家创业,并且财产突破10亿美元的年轻企业家。

假设比尔·盖茨在初中、高中时迷恋电脑,被父母视为"网瘾少年";假设他准备从哈佛退学时被父母严令制止,要求他踏踏实实完成学业,将来好好地当一名律师,那么,这个世界

第五章　用尊重建立沟通的无障碍通道

上是不是会多了一个普普通通的律师，而少了一位电脑天才？

有些家长总是希望孩子把全部的精力放在课业学习上，他们关注得更多的是孩子的考试分数，而对孩子课业之外的兴趣爱好不予支持甚至不屑一顾，认为没有用，有时还会斥以"不务正业"。其实，这种做法也许在无意中堵塞了孩子前行的道路。

我教过的学生中有一个叫璐璐的女生，文化课成绩不太理想，但这个孩子特别喜欢画画，她的课本、练习本的空白处总画着一些小图案，虽是寥寥数笔，却很是赏心悦目。

当时，我们班准备报考艺术院校的同学已经开始参加专业集训了。以璐璐的成绩，如果参加普通高招，应该考不上太好的学校，她妈妈找我咨询，问是不是可以尝试报考美术学院。我带璐璐妈妈找到美术老师，因为在这方面专业老师的意见毕竟更切合实际一些。美术老师不无遗憾地说，璐璐的绘画天赋很好，很有灵气，可惜缺乏系统的训练。那些准备考专业院校的孩子，很多都是从小便开始学了，有着很扎实的"童子功"。如果璐璐现在再从头开始接受专业训练，显然为时有些过晚。

听了美术老师的话，璐璐妈妈很后悔。她说，其实孩子从小就喜欢画画，小时候还好几次央求爸爸妈妈，说想上美术兴趣班。但是当时璐璐妈妈觉得，写写画画能有啥用呀，有那时间还不如多认几个字、多做几道题呢，就没答应孩子，现在后悔也晚了。

后来便是高考，那一届我们学校考艺术的孩子考取的学校都很理想。两个学美术的孩子，一个考上了中国美术学院，一个考上了中央美术学院；另外几个学声乐、表演、摄影、动漫的孩子，分别考上了中国音乐学院、中央戏剧学院和北京电影学院等。璐璐只考上了一个很普通的院校，专业也不是她自己喜欢的。璐璐妈妈给我打电话，说是自己耽误了孩子的前程，我也感觉非常惋惜。假如说，璐璐的父母眼界能够宽广一点，能够对孩子的兴趣爱好尊重一些，也许，这个孩子的命运就会改写，一生的道路就会平坦、宽广得多。

《论语》中有这样一句话："知之者不如好之者，好之者不如乐之者。"意思是说，对于一件事物，如果一个人仅仅是知道和了解它，那么就不如爱好它的人；爱好它的人，又不如以之为乐趣的人。有一个网络新词"爱觉不累"，广义的理解就是对于自己喜欢的事情，即使付出很多时间和精力，依然不会感到累，不会感到疲倦。这些都是在说兴趣爱好的重要性，一个人只有对一件事情真正感兴趣，才有可能不知疲倦、废寝忘食地去学习、去钻研。我们经常强调，要想办法让孩子对学习感兴趣，而不是逼着他们去学，也是这个道理。

不懂得尊重孩子兴趣爱好的父母还有一种表现形式，那就是把自己认为好的东西一股脑地强加到孩子身上，要求孩子同时学多种才艺，而完全不考虑孩子是不是喜欢，也不考虑年幼

第五章 用尊重建立沟通的无障碍通道

的孩子能否承受。

我的女儿从6岁开始学小提琴，老师要求孩子上课的时候家长要陪同，在陪同女儿学琴的过程中，我见到过很多总是恨不得让孩子什么都学的家长。最夸张的是有一年暑假，一个妈妈带了一对双胞胎女孩来找老师，说是想学小提琴。那两个小女孩当时六七岁的样子，长得很可爱，但是看上去都很疲惫。

老师先让那两个女孩看了一会儿他是怎么上课的，然后问她们想不想学，结果两个孩子齐刷刷地摇头。老师又问她们为什么不想学，孩子说，妈妈已经给她们报了8个兴趣班了，太累了。老师回绝了那位妈妈，并告诉她，无论学什么，都需要孩子在课下用大量的时间练习，学得太多是不现实的。那位妈妈还很不满意，说："我还不是为了她们好吗？她们累难道我就不累吗？"说完又气哼哼地带着孩子去找别的老师了。

这样的家长很令人无语，这样的孩子也很令人心疼。有一句成语说得很好：过犹不及。孩子就像正在生长的植物，父母就是培育者。合格的培育者应该懂得遵照这棵植物的天性及生长规律，合适地灌溉、施肥，营造一个适宜生长的空间，只有这样，植物才能茁壮地成长。如果一味地拼命浇水、施肥，即使本意完完全全是为了让植物长得更高、长得更快，恐怕也会事与愿违，严重的还会亲手毁了这棵植物。

高效亲子沟通

> **名师提示**

孩子的兴趣和爱好是非常宝贵的资源,很多孩子都是在兴趣爱好的基础上树立了自己的理想和追求,扬起了人生前行的风帆。因此,对于孩子的兴趣爱好,家长要给予充分的肯定和尊重。

(1)孩子的兴趣爱好会表现出一定的广泛性和不稳定性,这和孩子年纪尚幼、对很多事物都充满好奇有关。家长要在尊重的基础上,用合适的方法对孩子进行引导,帮助他们在众多兴趣爱好中找到中心的兴趣爱好,并注重培养孩子高尚的趣味和情操。

(2)尊重并鼓励孩子发展自己的兴趣爱好,其出发点应该建立在让孩子拥有快乐之上。对待孩子的兴趣爱好,如果家长持有任何功利性过强的态度,比如认为没用就去限制,或者认为将来考学能加分就去过度挖掘,都会背离发展兴趣爱好的初心,是极不负责任的行为。

不要带着负面情绪和孩子对话

有一个名为《啥是佩奇》的短片曾在朋友圈刷屏。这个小故事讲的是,一个生活在大山里的爷爷,在电话里听小孙子说想要佩奇,但爷爷不知道啥是佩奇,于是多方打听、寻找。除夕夜,爷爷一家合家团圆,爷爷拿出了为小孙子精心准备的礼物——一个用鼓风机改制的"佩奇"。

这个小短片之所以受到众多网友的喜爱,除了片中洋溢的满满的爷爷对孙子的爱意打动了大家、诙谐幽默的表述方式令人会心一笑等原因,还与"佩奇"这个动画形象有关。有人说,几乎全世界的小朋友都喜欢佩奇。"知乎"网站上曾发起过一个提问:为什么小孩子都爱看《小猪佩奇》?点赞最多的回答是:那是一个非常完美的家庭。确实,不仅许多孩子表示喜欢猪妈妈,就连家长看了也感叹,和猪妈妈一比,深感自愧不如。

在《小猪佩奇》动画片里,天真活泼的佩奇和乔治背后,永远站着一位温和有爱的猪妈妈,她简直是神一般的存在——从来

高效亲子沟通

不发火、不吼娃，和颜悦色，春风和煦，时常带着孩子呼噜呼噜一起大笑。孩子淘气或者无意间犯了错，猪妈妈也是温和地批评。这样的妈妈，谁不喜欢呀？

有家长朋友会说，我也知道发脾气吼孩子不好，但有的时候真的控制不住呀！诚然，在现代社会，节奏快、压力大，每个人心中都难免会有一些积压多时的坏情绪，有时孩子一个调皮的举动或者一件不顺心的小事，就会把这些坏情绪激发出来，想做到任何时候都情绪稳定、笑口常开，确实很难。

电视热播剧《都挺好》中有这样一个细节：

苏家大哥苏明哲为了方便照顾父亲回国工作，大嫂吴非独自留在美国工作，同时照顾女儿。一天，吴非因送女儿上幼儿园迟到了，被老板劈头盖脸地训斥了一顿，还被扣了薪水。下班回到家后，正在忙于做饭的吴非又接到幼儿园老师的电话，说因为她经常不能按时接送孩子，而劝她让女儿退学。

正当焦头烂额的吴非恳求老师让女儿继续在幼儿园就读时，一旁的女儿弄翻了购物袋，袋里的东西撒了一地。见此情景，吴非瞬间失控，不仅冲着女儿大吼大叫，还狠狠地打了她的屁股。女儿被吓得号啕大哭，吴非也和女儿一起委屈地哭起来。冷静下来后，她又抱着女儿不停地道歉："对不起，对不起……妈妈不该打你……"

很多网友（尤其是年轻的妈妈们）说，看到这里，自己也陪着吴非母女一起哭了，因为，类似这样的情景就曾经真实地发生

第五章 用尊重建立沟通的无障碍通道

在自己和孩子之间。生活不易，周旋于职场与孩子之间的年轻父母们尤为不易。生活的琐碎、工作的压力，往往把人逼到情绪失控的边缘，但在人前，还需要维持自己的形象。于是，疲惫至极还要面对孩子的时刻，负面情绪往往会一触即发。其实，很多时候，我们对着孩子发火，还真的不是孩子犯的错误本身有多么严重，而是我们把孩子当成了出气筒。

然而，亲爱的家长朋友，您有没有想过，当孩子莫名承受家长的怒火时，他们幼小的心灵，又是多么无助和恐慌？

曼彻斯特大学的心理学教授 Edward Tronick 曾做过一个非常著名的实验——婴儿静止脸实验（Baby Still Face Experiment），或许能够给家长们最直观深刻的感触。

Baby still face experiment 是在一个刚满周岁的婴儿和其母亲之间进行的。实验之初，妈妈满面笑容地对宝宝说话、和她拉手，小宝宝也开心地和妈妈互动；然后，妈妈慢慢绷起了脸，态度变得冷漠、麻木，宝宝迅速识别了这个变化，开始喊叫并出现大幅度肢体动作，试图引起妈妈的注意。但是，当一切努力白费之后，小宝宝开始崩溃哭泣。这时，妈妈重新对宝宝微笑，并拉着她的手安慰她，宝宝的情绪逐渐平复。

在这个实验中，有关数据还表明，当母亲对婴儿开始"静止脸"后，婴儿出现心跳加速、压力激素分泌增加等一系列生理反应。可以想象，如果母亲不及时安抚，势必会对孩子的心理造成创伤。

高效亲子沟通

中国台湾心理学博士洪兰曾说，母亲是家庭的灵魂，母亲快乐则全家快乐，母亲焦虑则全家焦虑。能够有情绪平和的父母，是孩子一生最大的幸运，更是每个为人父母者一生的必修课。父母的情绪，不仅决定着孩子在短时期内是否快乐，还会深深影响着孩子成年后的人格基调。无论自身际遇如何都善于管理自我情绪的父母，能够给予孩子温暖的、向上的力量，能够让孩子时刻感受到来自父母的爱，这种爱对于孩子来说，是满满的正能量，可以引导孩子走向人生的辉煌。

著名文学大家胡适曾在《我的母亲》一文里写道："如果我学得了一丝一毫的好脾气，如果我学得了一点点待人接物的和气，如果我能宽恕人，体谅人——我都得感谢我的慈母。"

胡适回忆说，在他小时候，母亲操持一个大家庭，遇到许多难事，但母亲从来不急不躁，尤其不对孩子乱发脾气。无论他做了什么错事、说了什么错话，母亲都从不在众人面前责骂他，但是，这并不是说母亲会纵容他。相反，母亲会在没有第三者在场的时候，关起门来，细细给他讲犯了什么错，为什么说这样做是错的，直到他心悦诚服，并认错道歉。

胡适12岁时，离家去上海求学，母亲装出很高兴的样子，没在他面前掉一滴眼泪。但后来家人告诉胡适，他走后，母亲关起门大哭了一场。可以说，正是胡适母亲有这样温和的秉性，才成就了胡适这样一位名人儒士。

著名教育专家乔艳坤曾说：母亲是大地，爸爸是大树，孩子

第五章 用尊重建立沟通的无障碍通道

是枝芽。家庭教育其实并不需要父母多么优秀，一个有着平和态度、情绪稳定的正常妈妈，就是孩子最大的福气。

对于孩子来说，父母的情绪就是家庭气氛的风向标，决定着家庭的温度和幸福度。因此，每一个为人父母者，都应该学会自我减压，学会管理自己的情绪，为孩子营造一个和谐、温馨、幸福的家庭氛围。只有这样，孩子才能身心健康地成长。

名师提示

成年人的世界里，没有"容易"二字；为人父母者的世界里，更没有轻松可言。但是，即使压力再大，也不能成为我们向孩子发泄情绪的理由。当感觉自己情绪低落，甚至很糟糕时，可以尝试以下几种调节方法：

（1）回避法。情绪明显不佳时先暂时不要和孩子接触，比如回家之前先去喝杯热饮，或者到路边花店看看鲜花，调整好心态再回家。

（2）告知法。明确告诉孩子和家人，自己现在情绪不好，求得大家的安慰。很多时候你会发现，只要把心中的委屈说出来，坏情绪自然就会缓解很多。

（3）换位思考法。当察觉到自己想对孩子发脾气时，有意识地从孩子的角度去想一想孩子的不容易，或者想想自己在孩子这么大的时候，最怕的就是父母的斥骂。告诉自己，先忍一忍，等情绪平和了再和孩子慢慢谈。

高效亲子沟通

别拿"别人家的孩子"刺激自己的孩子

中国青年报社社会调查中心曾就家庭教育问题进行过一次问卷调查，结果显示，90.6%的受访者认为，自己身边有很多对孩子要求和期望高的家长；83.4%的受访家长表示，会拿自己的孩子跟别人家孩子做比较。

在很多人的成长经历中，应该都被父母拿"别人家的孩子"来进行过比较。考试成绩不尽如人意，父母会说"看你们班的某某，难道你和人家不是同一个老师教的吗？人家为什么能考好？"周末起床晚了点，父母会说："你看看对门的小哥哥（小姐姐），一大早就见人家去给家人买早餐了，别人的孩子咋就那么勤快，我们咋就养了个懒虫呢！"房间收拾得不够干净，父母会说："上次去我们同事家，看见人家孩子的房间，简直是一尘不染，你看看你把屋里搞得，都快成猪窝啦！"……

总之，很多家长会经常拿"别人家的孩子"来说事，与之相应的，就是很多孩子会经常被"别人家的孩子"所刺激。无

第五章 用尊重建立沟通的无障碍通道

论是在现实生活中还是在网上,关于"别人家的孩子"都是一个长盛不衰的话题。中文互联网最大的知识分享平台"知乎"就曾多次发起关于这一话题的讨论,引发许多网友纷纷吐槽,其中不乏学业有成、事业有成的人士。几乎所有的回答都一致认为,家长用充满赞叹的口吻罗列"别人家的孩子"的种种优点,甚至很多时候"编造"出"别人家的孩子"的种种优点,用来和自己做比较,实在是一种痛苦的经历,不但当时引发了自己内心的反感和逆反,甚至还成为一种阴影,影响到了自己成年后的心态以及生活。

当然,也许有些家长朋友会说,自己之所以动不动就拿"别人家的孩子"和自己的孩子比,其实也是为了给孩子树立一个学习的榜样,希望孩子优秀。但是很可惜,套用一句曾经的春晚流行语来说,这就是"理想很丰满,现实很骨感"。要知道,和孩子沟通,是需要遵循一定的原则和掌握一定的技巧的,如果只是打着"我是为了你好"的大旗不管不顾地往前冲,即使出发点再好,也不会一路坦途,很可能遭遇"全军覆灭"的结局。

华中师范大学心理学院曾针对中小学生进行过一次问卷调查,列出了父母常见的一些行为,让被调查的孩子们从中选出自己最讨厌的。结果显示,47%的孩子选了"将自己与其他孩子比较",37%的孩子选了"随便动自己的东西",27.1%的孩子选了"父母动手打自己",27%的孩子选了"在别人面前指责自己"。

高效亲子沟通

我们可以这样来想一下，假如在工作单位，领导动不动就拿着"优秀员工"为参照物，用指责的口吻来对我们进行评价，把我们说得一无是处，我们心里又会是什么样的感受呢？心理学上有一个名词叫作"同理心"，英文是 Empathy，是指站在对方的角度和立场，设身处地地理解对方的情绪和情感。作为家长，在和孩子沟通的过程中，需要时刻提醒自己多一点同理心，这和我们经常说的"将心比心""己所不欲勿施于人"是同样的道理。

说到这里，我想起曾经看过的一个笑话：父亲对儿子说，华盛顿像你这么大时是全校最好的学生。儿子对父亲说，没错，华盛顿像您这么大时早就是美国总统了。是呀，父母望子成龙望女成凤，孩子又何尝不希望父母是人中龙凤呀。如果孩子也天天念叨"别人家的爸妈"，我们岂不是也会很抓狂吗？

我的同事李莉老师在教育孩子方面堪称"智慧妈妈"，她对待自己儿子的教育方法值得家长朋友们借鉴。

我所在的学校是市重点，学生中不乏一些牛娃。李莉老师的儿子在本校就读时成绩平平，甚至每次大考后她儿子的任课老师都会拎着考卷来"告状"。说实在的，作为同一个办公室的同事兼好友，我都不由得替她着急。但是，李莉老师却"不走寻常路"，不但不逼着孩子苦读文化课，还给他报了个曲艺培训班，学起了相声、快板。当时我对她的做法有些不解，她

第五章 用尊重建立沟通的无障碍通道

认真地给我解释说，自己何尝不希望儿子学业优秀，将来考个985、211名校，但是，每个孩子所擅长的方面是不同的，儿子的文化课成绩不尽如人意，但学习曲艺很有感觉，为什么不支持孩子发挥自己的特长呢？李莉老师还说，作为一名老师，教过、见过的优秀学生实在是太多了，有时候也难免会在心里拿着儿子和那些孩子做比较。但是每当有了这样的念头，她都会告诉自己，世界上没有两片相同的叶子，孩子同样如此。每个孩子都有不同的长处和短处，不能拿着别人家孩子的长处对比自家孩子的短处，那样只会把孩子逼得无路可走。后来，李莉老师的儿子考取了一所不错的艺术院校，不仅专业学有所长，而且性格开朗、阳光，是一枚妥妥的"暖男"。

俗话说，"尺有所短，寸有所长"。如果一个孩子在成长的过程中，家长总是盯着他的短处和"别人家的孩子"进行盲目攀比，不仅难以取得家长所期盼的效果，还很容易使孩子逆反；更为严重的是，会打击甚至毁掉孩子的自信心。发展心理学家认为，心理上的自我肯定是孩子成长的动力，而这种自我肯定很大程度上来自于父母的肯定。对于年幼的孩子来说，来自父母的肯定能增强孩子的安全感；反之则会使孩子产生被抛弃的恐慌，进而引发心理上的种种伤害。因此，在孩子的成长过程中，我们首先要从内心深处杜绝"攀比孩子"的心态，时刻记住，这是一种令孩子非常讨厌并且无效，甚至还会起反作用的方式。

高效亲子沟通

随着时代的变迁和社会的进步,个体的自由和独立已经成为公认的价值观,作为家长,要认识到每个人都是独立的个体,自家的孩子同样也是。要用赏识的眼光看待孩子,要看到孩子的点滴进步,放大孩子的长处和优点,帮助孩子树立自信,帮助和鼓励孩子在生命的交响乐中演奏属于自己的乐章。

名师提示

在教育孩子的问题上,许多父母喜欢把"别人家的孩子"设定成目标和参照物,家长自以为这种比较可以使孩子看到自己和别人的差距,加大前进的动力,殊不知适得其反。那么,怎样才能避免这种错误的做法呢?

(1)保持平常心。每个孩子都有不同的性格和特点,孩子之间的差异并不一定就是差距,要找出适合自家孩子的最好的教育方法,鼓励和帮助孩子发挥自己的长项,取长补短。

(2)学会全面看问题。在孩子的成长过程中,不能只用横向比较的方法和别人比,而应该多用纵向比较的方法,也就是把孩子的现在和其过去做比较,看到孩子的点滴进步,及时鼓励,增强孩子的自信心和成就感。

(3)尊重孩子的个性。家长应该学会用赏识的目光看待孩子的优点,而不是一味地挑毛病,只有这样,才有利于孩子形成健全的人格。

第五章 用尊重建立沟通的无障碍通道

倾听孩子的申辩，尊重孩子解释的权利

在日常生活中，绝大多数父母对孩子非常关爱，但还是有很多孩子认为父母不尊重、不理解自己。出现这样的情况后，父母往往感到很委屈，觉得孩子不知道感恩，看不到父母的辛苦；但同时孩子也往往感到很委屈，觉得父母总是以势压人，把自己当成学习的机器，只要求自己"听话""懂事"，根本不关心自己在想什么。

造成这种情况的原因有很多，其中一个主要原因就是父母忽略了孩子的话语权，尤其是当父母认为孩子有什么事情做得不好或犯了错误时，不允许孩子申辩，没有给孩子应有的解释的权利。

我们经常可以见到以下类似的情景。

孩子给父母讲述一件事情并发表自己对这件事情的看法，但父母对孩子的观点并不认同，于是便强行打断孩子的话，根本没有耐心听孩子把话说完，有的还会武断地命令孩子："记住我给你说的话就行了，小孩子家懂什么？"

父母认为孩子做错了事情，便不由分说地训斥、责骂孩子。孩子刚辩解几句，父母的火气便更大，说："明明做错了还狡辩，你分明就是没有认识到自己的错误。"

……

之所以出现这样的情况，从根本上来说，还是由于父母没有用平等的心态来对待孩子，尤其是当孩子为自己的行为辩解时，便认为孩子是在胡搅蛮缠，于是便厉声喝止孩子，甚至用呵斥、打骂等方法制止孩子的哭泣。在这种情况下，父母对孩子的要求就是"服从"，孩子迫于父母的威严也只能闭嘴，把想说的话强行咽回肚子里。

我曾经看到过一个笑话。

父亲和儿子在客厅看电视，母亲和女儿在厨房做饭。突然，厨房传来碗碟打碎的声音。儿子竖起耳朵听了一会儿，没有听到母亲的抱怨声，便对爸爸说："一定是我妈妈打破的东西。"父亲问为什么，儿子说："要是我姐姐打破的，妈妈肯定不会这么安静。"

这虽然是一个笑话，但却反映出许多家长平时常见的做派——自己办错事就大事化小小事化了，孩子办错事就横加责备，甚至上纲上线。亲爱的家长朋友，如果您感觉类似这样的情景在自己家也发生过的话，就请认真想一想，作为成年人，

第五章 用尊重建立沟通的无障碍通道

我们为什么可以找各种理由为自己不小心做的错事开脱,而孩子做了错事就要挨骂,甚至连为自己辩解的权利也没有呢?要知道,这种看似是为了孩子好的"严格要求",很可能不仅难以使孩子认识到自己错在何处,而且还会难以避免地给孩子带来伤害。

很多时候,看似是孩子做错了事,但其原因也会有很多种,有时还会是一场误会。因此,当事情发生后,不要第一反应就责骂孩子,而应该冷静下来听听孩子解释,弄清楚事情的前因后果,再好好与孩子沟通,如果真的是孩子做得有不妥之处,就明确告诉孩子哪里做得不对,这样做为什么不对,以后再遇到此类情况该如何做。

泰国有一个公益短片,很多网友看过后评论说"看哭了""以后再也不冲孩子乱发脾气了":

几个妈妈在学校门口等孩子放学,她们惊讶地看到走出校门的孩子满身污泥,于是,没等孩子说出原因,妈妈们的不满和责备便脱口而出。

"Oh my god,你知道妈妈最讨厌你脏脏的样子了,对吧?对吧?!"

"你到底去做什么事情了,弄成这个样子。你自己负责洗干净啦!"

"发生什么事了?还笑,笑什么笑!别告诉我你去玩了。"

高效亲子沟通

正在妈妈们纷纷责备孩子时，校门口的大屏幕播出了"本日好学生"的视频。原来，园丁爷爷用小推车载了满满一车的花盆和花草，不慎翻倒在泥塘里，几个孩子看到这一幕后没有迟疑，马上主动上前帮助园丁爷爷把沾满泥浆的花盆和花草搬到干净的地方，全然不顾自己被弄了一身泥。

这一切恰好被摄影师拍下，于是妈妈们通过大屏幕知道了事情的真相，她们为孩子这样善良和乐于助人而感到骄傲，同时也为自己误解了孩子而愧疚。

在这个短片中，看到事情真相的妈妈们消除了对孩子的误解，但是，在现实生活中，很多事情的真相是不会被拍摄下来的。如果父母不给孩子解释、申辩的机会，或者就算是孩子解释了也不相信，那么，就很可能产生误会，冤枉、委屈孩子，甚至对孩子的心理造成伤害。

教育学家蒙台梭利博士说："每种性格缺陷都是由儿童早期经受的某种错误对待造成的。"国内一家教育机构经过长期的跟踪调查，发现在出现心理健康问题的学龄儿童中，有大约80%是由于家庭原因引起的，其中主要原因便是父母对孩子的教养和交流沟通方式不当。

在一个家庭中，如果父母把自己定位为"管理者"，那么孩子自然就会处于弱势，尤其是如果父母习惯用大人的思维去评判孩子的行为，经常指责孩子，不给孩子解释、申辩的机会，

第五章 用尊重建立沟通的无障碍通道

孩子便没法诉说内心的真实想法和感受，父母自然也就对孩子的所思所想无从了解，这样就会直接导致亲子沟通无法进行，甚至影响亲子关系。并且，这种影响会长期存在，有些孩子遇到事情宁肯自己硬扛，也不愿意告诉父母，往往就是这种原因所导致的。

即使是孩子真的犯了错，家长也不能一味责备孩子，甚至大打出手，因为就算这样做的本意是让孩子认识到错误并改正错误，但结果常常事与愿违。孩子的成长是一个"不断犯错，不断改正"的过程。当孩子犯了错误时，家长应该控制住自己的情绪，用宽容的态度对待孩子。如果家长能够心平气和地倾听孩子的解释，了解孩子内心的想法，对孩子进行启发和引导，而不是简单粗暴地直接批评他所犯的错误，孩子反而会很快明白家长的用意，愿意接受家长的批评和教育。并且，这样做还可以使孩子增强自我反省的能力。

另外，家长朋友应该认识到，允许和鼓励孩子为自己辩解，还有一个方面的好处，那就是有利于孩子逻辑思维能力和语言能力的发展和提高。处于成长阶段的孩子正是语言组织能力、表达能力快速发展的时期，让孩子为自己的行为辩解，其实正是孩子提高语言能力、逻辑能力、思辨能力的好时机，因为"辩解"本身需要在有限的时间里，用对方能够接受的语言方式做出对自己有利的表达，同时还要对对方的质疑和提问做出恰当

高效亲子沟通

的回应，孩子能做到这些也是难能可贵的。

当然，任何事都要掌握住"度"，我们说允许和鼓励孩子为自己辩解，并不是任由孩子找理由为自己开脱，而是说要冷静、耐心地听孩子把话说完，再跟孩子一起分析。孩子说得有道理的地方，应该肯定和赞赏；不合理的地方要进一步交换意见，通过平等的沟通达成共识。只有这样，才有利于建立健康和谐的亲子关系，也有利于提高孩子今后的社会交往能力。

名师提示

在日常生活中，父母与子女之间发生误会、产生矛盾是不可避免的，当出现这样的情况时，作为长辈、成年人，父母应该给予孩子充分的尊重，给孩子申辩和解释的机会，耐心听孩子把话说完。只有这样，才能实现亲子之间通畅、有效地沟通，消除有可能因不当的教育方式带来的一系列消极后果。

（1）首先要用信任的态度对待孩子，允许孩子为自己的行为辩解，理解并尊重孩子说的话，避免用老眼光看待孩子，不要习惯性地质疑孩子。

（2）家长要认识到，允许孩子发表自己的看法以及为自己辩解，其实也是为孩子设立了一个发泄情绪的出口，对其心理健康是有利的。一个从小能够和敢于发表自己立场、态度的孩子，长大后就能比较有主见，其社会交往能力也比较强。

第六章

恰到好处的引导是沟通的升华

高效亲子沟通

家长以身作则，孩子"不令而行"

我们经常说："家庭是人生的第一个课堂，父母是孩子的第一任老师。"确实，当一个孩子呱呱坠地，最先接触到的便是自己的父母；在孩子的成长过程中，绝大多数情况下，接触最多的也是自己的父母。可以说，父母在养育孩子的过程实际上就是一种启蒙式的教育，对于天性善于模仿的孩子来说，父母的言行举止会在很大程度上影响到他们的成长甚至一生。如果把一个人的人生比喻为一座建筑物的话，家庭教育就是这座建筑物的地基，直接决定其风格、高矮、坚固程度等。那么，如何才能使孩子从我们身上汲取到"正能量"呢？显然，这是一个值得所有家长认真思考的问题。

在教育方面，有一个人人皆知的词语——言传身教。这看似简单的四个字也是中国传统文化最推崇的教育方式，其中"身教"又重于"言传"。老子在《道德经》里曾说："圣人处无为之事，行不言之教。"对于家庭教育来说也是如此。很多时候，

第六章　恰到好处的引导是沟通的升华

家长对孩子的千叮咛万嘱咐或者耳提面命式的各种要求，远没有以身作则、亲身示范来得更有效果。

给大家分享一个发生在我学生家里的故事。

我的学生琦琦本来成绩不错，但不知什么时候迷上了网络游戏，成绩明显下降。他爸爸为此专门来学校找我，准备使用"家规"，对他严加管教。看着琦琦爸爸满脸的焦虑和急躁的情绪，我很清楚如果他在这样的心态下对孩子实施"高压政策"，很难取得好的效果，搞不好还会适得其反。于是，我劝他冷静下来，要体谅孩子的难处，"改过"其实是一件很辛苦的事，不能把孩子逼得太急了。

琦琦爸爸想了好一阵子，不好意思地告诉我，其实他自己也喜欢打麻将，不仅浪费了很多时间，还影响到身体健康，家人劝过他很多次，他也多次想改，但就是管不住自己。最后琦琦爸爸反省说，静心想一想，孩子迷恋网络游戏和自己迷恋打麻将实在是太相似了，如果不能以身作则"改过"，凭什么要求一个未成年的孩子呢？

后来，琦琦爸爸跟我说，他回家后决定调整自己的家教策略，向琦琦提出，为了陪他戒掉网瘾，自己也决定戒掉麻将，希望琦琦能和自己一起"改过"成功。琦琦认真思考后接受了爸爸的提议，表示要和爸爸互相监督。

琦琦爸爸说，让爱打麻将的人不打麻将，说说容易，做起来真难呀,那简直是一种炼狱般的考验。不过,每当麻友来约,或者自己手痒时,他就想想和孩子的约定,想想孩子肯定也在承受着和自己一样的痛苦,便努力克制自己,不破坏对孩子的承诺。琦琦妈妈见他当真不去打麻将了,就劝他在业余时间找点有意义的事做,一来可以使自己不至于空虚,二来也可以给孩子带个好头。于是,琦琦爸爸决定重拾学生时代的爱好——练习毛笔书法。

琦琦见爸爸严格遵照约定,便也尽力克制自己,回家就主动地做家庭作业,有时还帮着做点家务,还有样学样地说想在课余时间学打篮球,并且在学校报名参加了篮球队。一段时间下来,琦琦不再迷恋网络游戏,琦琦爸爸也和麻将绝缘了。

每当看到琦琦在篮球场上生龙活虎的身影,看到他逐渐追赶上来的学习成绩,我都感到很欣慰,更为琦琦爸爸的做法点赞。是呀,当孩子染上不好的习惯时,家长不能高高在上地用强势的态度去"压",而应该从孩子的角度去为他们考虑,同时还要以身作则,用实际行动为孩子做出榜样,只有这样,才能取得理想的结果。

孔子曾经说过:"其身正,不令而行;其身不正,虽令不从。"意思是说,当管理者自身品行端正,能够做出表率时,不用下命令,被管理者也就会跟着行动起来;相反,如果管理者自身品行不端,那么,即使三令五申要求被管理者端正品行,

第六章　恰到好处的引导是沟通的升华

后者也是不会服从的。这句话的本意虽然是针对管理者、领导者来说的,但用在亲子教育、亲子沟通方面同样堪称"真理"。

央视著名节目主持人董卿在接受《面对面》的采访,谈及初为人母的体验时,坦言自己也曾很迷茫,不知道如何才能让孩子更好地成长。后来,好友的一句话使她豁然开朗。好友说:"你希望孩子成为什么样的人,你就去做一个什么样的人。"于是,她开始认真规划自己生子之后的事业发展,首次以制片人的身份参与某节目的制作。因为策划、录像、后期等诸多工作具体、繁杂,熬夜对于她来说成了家常便饭,在那一年里,她见过北京半夜各个时段的样子,原来用来拔眉毛的一把小镊子,也变成用来拔白头发了。当主持人问董卿为什么给自己树立更高的目标,向自己提出新的挑战时,她回答说:"我是觉得应该努力去把自己变得更好,让孩子在未来真正懂得的时候,对我有爱也有尊敬,从我身上可以学到一些好的品质。"

俄国伟大的文学家、思想家托尔斯泰说:"教育孩子的实质在于教育自己,而自我教育则是父母影响孩子最有力的方法。"父母的思想、行为等对孩子有着强大的潜移默化作用,如果我们能够以身作则,为孩子做出好的榜样,那么不需要对孩子发号施令,孩子自然就会学着我们的样子行动起来;相反,如果我们要求孩子做到的事情,自己却做不到,用一句网络流行语来说,那岂不是"打脸"吗?因此,作为家长,在教育孩子的

高效亲子沟通

过程中,在与孩子沟通的过程中,并不需要三令五申、耳提面命,只需要以身作则、身体力行,把注意力放在如何改善自己的行为习惯上就很好了。这就正如古语所说"桃李不言,下自成蹊",当家长能够严格要求自己,以身示教、以身作则做出表率时,孩子自然会从家长良好的言谈举止中获得更多的精神扶助和心灵营养。

名师提示

心理学研究证明:一个人早期的生活经历,特别是原生家庭环境,对其性格、品行等起着至关重要的作用。父母若想给自己的孩子提供良好的家庭教育,一般说来,可从以下几个方面做起:

(1)做好自己。列宁夫人克鲁普斯卡娅说:"家庭教育对父母来说,首先是自我教育。"育儿先育己,为人父母要从自身做起,为孩子树立人生的好榜样。

(2)在生活细节方面为孩子做良好示范。有教育专家认为,对于孩子来说,父母就是一面镜子。因此,父母在日常生活中要从细节入手,一言一行都要给孩子做好表率。

(3)父母要言行一致、信守承诺。在教育孩子的过程中,父母会经常给孩子做出承诺。值得注意的是,如果是难以做到的事情就不要轻易承诺;如果承诺了,就要尽力做到;如果实在出于某种意外无法履行承诺,要及时向孩子解释并补救。

第六章 恰到好处的引导是沟通的升华

身教重于言传,做孩子最好的榜样

　　战国时期著名思想家韩非在他的著作《韩非子》中有一则《曾子杀猪》的故事,记述的是孔子的学生曾参在对待子女教育的问题上是如何去做的。关于这个故事,想来很多朋友应该并不陌生,因为千百年来这个故事代代相传,堪称"家长教科书"的经典。

　　故事的大意是,曾子的妻子要到集市上去,儿子哭闹着要跟随,曾子的妻子就哄儿子乖乖在家等,并答应儿子等自己从集市回来后就杀猪炖肉给他吃。结果,曾子的妻子从集市回来后,看到曾子竟然真的将自家养的猪捆缚了起来准备宰杀,就连忙阻止他,说自己不过是为了哄孩子随口那么一说,没必要当真。曾子听了妻子的话后认真地说,不能认为孩子还小就哄骗他,因为孩子年幼无知,正是从父母身上学习知识的年龄,如果父母用谎话哄骗他,不仅会使孩子对父母失去信任,而且更严重的是,孩子还可能模仿父母的做法,久而久之就会学得不诚实。

曾子说服妻子后，继续动手杀猪、烹饪，兑现了妻子对孩子的承诺。

在孩子的成长过程中，父母是孩子最好的榜样，孩子的启蒙教育就是通过家长的教导完成的，父母的言行和习惯等会影响到孩子的未来和一生。在幼儿园、学校以及孩子相对比较集中的其他场所，我们经常可以看到，同一个年龄段的孩子，各自的表现往往大有不同。当然，这与孩子先天的性格、资质等有一定的关系，但后天性的外界影响因素，尤其是来自父母的影响更为重要。

我们经常说，父母是孩子最好的榜样。那么，这个"榜样"如何树立呢？

网上有这样一个笑话：

有一个孩子学习成绩不好，他妈妈经常恨铁不成钢地骂他是"笨鸟"。终于有一天，这个孩子回嘴说："其实世界上的'笨鸟'分为三种，一种是知道自己笨，就先飞的；一种是嫌累干脆图个安逸不飞的。"说到这里，孩子停下来看着妈妈，妈妈好奇地问："你不是说有三种吗？还有一种什么样呀？"孩子接茬说："第三种就是您这样的呗，自己不愿意飞，就在窝里下个蛋，逼着小鸟使劲飞，最讨厌了。"

这虽然看似是一个笑话，却戳中了很多人的痛点。确实，有很多家长一心望子成龙、望女成凤，当然，这是为人父母者

第六章 恰到好处的引导是沟通的升华

美好的愿望，本无可厚非。但是，如果家长自己安于现状、得过且过，却对孩子严加要求，甚至将自己人生未实现的愿望强加在孩子身上，让孩子负重前行，且不说这种做法对于孩子是否公平，至少会显得有些一厢情愿了吧。

教师行业里强调"学高为师，身正为范"。其实，父母是孩子最早、影响最深远的老师，更应该注重自身素质的提高，因为父母的言传身教有着潜移默化的作用，会在不知不觉中影响孩子一生。俗话说："喊破嗓子，不如做出样子。"一个自律自强、努力向上的人，会自然而然地影响和带动周边的人，这种影响包括性格培养、习惯养成及日常的行为举止等诸多方面。对于孩子来说，父母便是对其最具有影响力的人，是孩子的终身榜样。对于孩子来说，父母就像一面时刻能够看到的镜子，孩子常常通过"照镜子"的方式，在不知不觉中"修正"自己的言行。因此，要求孩子做到的，首先自己要做到，否则就无权对孩子提出要求。

在我的教学生涯中，我遇到过很多孩子深受父母影响的例子，正反两方面都有。下面就讲一个正面的。

我曾经教过一个叫姜楠的男孩，一副清清爽爽的样子，校服、书包总是干干净净，并且小小年纪做起事情来井井有条，很招人喜欢。有一次，我到他家去家访，发现他家的房子虽然面积不是太大，但收拾得很干净，几乎没有一件随手乱放的东西。

姜楠的房间也很整齐，墙上还挂了一个小黑板，上面用彩笔画了两道竖线，将整个黑板分成了三个区域，分别标注为月计划、周计划和每天的计划，下面清楚地写着具体内容。看到这些，我不由自主地向姜楠妈妈"取经"。她告诉我说，其实也没有什么特别之处，就是孩子的爸爸和自己都重视言传身教、以身作则，平时主动做家务，随时保持家里的清洁卫生，换洗下来的衣物及时清洗，不乱扔乱放，等等。另外，姜楠的爸爸妈妈有在做事情之前列计划的习惯，并特意给姜楠买了块小黑板，教他怎样安排好自己想做的事情。每当姜楠做完一件事后，他的爸爸妈妈还帮助他及时检查，做得好的地方给予表扬和鼓励，有不足的地方就给他提建议、帮他想办法。因此，姜楠也很自然地养成了清洁卫生的好习惯，并且做事情也越来越有条理了。

著名教育家、学者傅雷曾说："世界上，最有力的论证莫如实际行动，最有效的教育莫如以身作则。"姜楠的家长在言传身教、为孩子做出榜样这方面就做得很好，值得广大家长朋友学习。古语说"上不正，下参差"，意思是说如果居上位的人行为不端正、不正派，居下位的人就会错误百出。在一个家庭当中，从某种意义上来说，父母对于孩子就是"上位者"，要想让孩子健康成长，家长首先应该以身作则，尤其是要用"身教"来做出好的榜样感染孩子，从而实现教育的成功。

第六章 恰到好处的引导是沟通的升华

名师提示

要想对孩子进行成功的教育,父母应该首先做出榜样。在对孩子教育的过程中以及和孩子沟通的过程中,家长朋友可以尝试一下以下两种方法:

(1)制定家庭规则,和孩子一起遵守。俗话说,没有规矩不成方圆,对于一个家庭同样如此。家长朋友可以根据孩子不同的成长阶段以及实际情况,制定切实可行的家庭规则。值得注意的是,这些规则不能只是单方面对孩子提要求,想要孩子做到的事情,家长应该率先做到。

(2)巧妙运用暗示法。暗示法是一个心理学名词,一般多采取语言、手势、表情或其他暗号来进行。比如当孩子某些地方做得不够好时,家长可以用讲故事、打比喻等方式把自己的观点巧妙表达出来,营造一种柔和的气氛,避免引起孩子的反感。

> 高效亲子沟通

潜移默化，帮孩子树立正确"三观"

西方有一句教育格言："推动摇篮的手就是推动世界的手。"这句话说出了家庭教育的神圣和伟大。确实，孩子自出生开始直至整个成长阶段，接触最多的就是家人，尤其是父母。家长的一举一动、一言一行都会对孩子的成长产生很大的影响。尤其重要的是，孩子的成长期是构建世界观、人生观、价值观的重要时期，在这个阶段，一个孩子所处的周围环境、接受的教育方式等，直接决定着这个孩子会有什么样的"三观"，进而决定着他会走一条什么样的人生道路。

国内一家教育机构曾做过研究，据数据统计、分析显示，一个人18岁之前的成长过程中家庭教育的影响占比超过60%，学校教育占30%，还有10%的影响来自社会教育。

一说到家庭教育，有些家长想到的就是学区房、培训班以及家长的谆谆教导，等等，其实，这种观点是非常片面甚至错误的。作为家长，当然有责任为孩子提供更好的教育资源（但

第六章　恰到好处的引导是沟通的升华

也要切记"过犹不及"的原则），但比起这些更重要的，是在潜移默化中帮助树立正确的"三观"。所谓"三流的父母是保姆，二流的父母当教练，一流的父母会引导"说的就是这个道理。

我曾经看过一个泰国的公益短片《父母给孩子塑造的价值观会影响孩子的一生》，深有感触。

短片开始，一位父亲抱着一个牙牙学语的婴儿，画面温馨，画外音娓娓道来：假如，有一天，父母能预先决定我成为什么样的人。这些选择对我究竟会有多大的影响？决定我是男孩或是女孩，遗传了爸爸的肤色还是妈妈的眼睛……

很快，父亲怀中的婴儿长成了不谙世事的儿童。父亲忙着打理自家杂货店的生意，儿子在一旁玩耍。一位客人来买东西，把钱放在桌子上匆匆离去。父亲发现客人给的钱多了，马上追出去把多出的钱退还给客人。这一幕被儿子看在眼中、记在心里。

不谙世事的儿童又长成少年，长成青年。父亲关注着成长的儿子，儿子也在很自然地模仿着父亲的样子——在公交车上给老人让座位、在雨中搬运货物、在深夜伏案书桌前……

短片的解说也写得很走心："诚信，不属于人体的基因。尊敬，不存在于我们的DNA。毅力不会像细胞那样在身体内繁衍，忠诚也不会在血液里循环。不论先天如何，最终价值观塑造我们。"

美国思想家艾默生说过："孩子最终成为什么样的人，主要取决于他从第一个教育者那里所接受的爱、陪伴和榜样示范。"

孩子的童年、少年时期是树立"三观"的关键时期,在这个阶段,孩子看到的是什么样的世界,会决定他成为一个什么样的人,而父母可以说是孩子世界的主要缔造者。在孩子的眼里,父母的一言一行都是他们行为的标杆。孩子的教育和孩子的人生道路没有预言,也没有彩排,是一个不可逆的过程,其间错过、失误的部分也许可以修复,但无法重来。因此,为人父母者要重视"父母"这个"岗位"的重要性,成为孩子"三观"端正、正直善良的榜样,别给孩子以及家庭留下遗憾。

新东方教育集团创始人、英语教学与管理专家俞敏洪曾讲述过一个关于母亲的故事。

俞敏洪小时候生长在农村,他的母亲很勤劳,这一点村里尽人皆知。每年,他家都要养上几头大肥猪,小小年纪的俞敏洪在母亲的带领下挖猪草、打扫猪舍,从不偷懒。

在俞敏洪的印象中,母亲还很善良、热心、乐于助人。他9岁那年,庄稼歉收,家家户户的粮食都不够吃。有一天,母亲把家里本来就所剩不多的稻米分出一大半,送给了邻居家。小俞敏洪非常不解,母亲解释说:"咱们家人少,煮饭时多掺点菜,日子还能对付。但是邻居家已经没有稻米了,远亲不如近邻,咱们不能看着不管。"

正是受母亲的影响,俞敏洪从小便养成了爱劳动的好习惯,并且懂得助人和分享。上大学时,他"兢兢业业"为舍友义务

第六章　恰到好处的引导是沟通的升华

打扫卫生、打开水,一干就是四年,从来没有计较过。后来,俞敏洪创建新东方,需要寻找合作伙伴,和舍友们一说,大家二话不说就从美国、加拿大等地回国和他一起创业。并且,大家之所以这么干脆的原因也非常简单:"俞敏洪,我们回国是冲着你过去为我们打了四年开水。"

有的家长认为,做家长就要"镇得住"孩子,只有孩子怕家长才会听话,因此就对孩子严格管控。这样做有时确实见效比较快,效果比较明显,但很可惜,这是"管理"而不是"教育",即使能取得不错的短期效应,就长远来讲,也是弊大于利的。

我们经常说,孩子的成长是马拉松不是百米冲刺,要想让孩子完成马拉松长跑,最好的办法是父母做一个合格的领跑者,而不仅仅是站在跑道旁对孩子指手画脚地指挥。有教育专家认为,教育的最好方式,就是你想孩子成为什么样的人,你就先做什么样的父母。在生活中处处为孩子做出榜样,用一言一行潜移默化地教给孩子做人的道理,才是对孩子最好的教育。

法国作家拉·封丹写过一个寓言故事,后来被教育界称为"南风法则""温暖法则"。

南风和北风打赌,比赛谁的威力大,比赛的方式是看谁能把路上行人的大衣脱掉。北风信心满满,觉得自己发起威来连大树、房子都能刮倒,现在想刮掉一件小小的衣服还不容易?北风鼓起劲来吹呀吹,一时间寒风凛冽冰冷刺骨,结果行人为了抵御寒冷，把大衣裹得紧紧的，北风怎么也刮不掉。

无奈之下，北风败下阵来。南风见此情景微微一笑，不急不躁地徐徐吹动起来，不大一会儿，风和日丽、春意盎然，行人感受到温暖，纷纷解开纽扣、脱下大衣，最终南风获得了胜利。

这个寓言用在教育上很贴切，最好的教育就是春风化雨、润物无声般的潜移默化，而不是干巴巴的说教，更不是强迫或恐吓。我们经常说，父母是孩子的一面镜子，父母的行为里藏着孩子的未来。在未成年孩子心目中，父母的威信往往是最高的，他们对父母有着很高的依赖和模仿的欲望，父母的一切言谈举止孩子都会看在眼里、记在心上。这是一种无意识中产生的影响，但起的作用会是直接、深刻并且持久的。

有人将"三观"比喻成"脱离基因式的遗传"，意思是说虽然"三观"不像基因那样直接遗传，但同样存在着巨大的传承性。如果父母有着正确而理性的"三观"，那么孩子成年后往往也能够善良、强大、独立。

名师提示

父母的"三观"往往会潜移默化为孩子的"三观"。因此，每一个为人父母者，都应该经常反省一下自己的所作所为，尽力为孩子做出好的表率。

在日常的家庭生活中，应该避免以下几点：

第六章 恰到好处的引导是沟通的升华

（1）对孩子过多指责。如果对一个孩子动辄得咎，会使孩子缺乏安全感，甚至会出现自卑或自闭的情况，不利于孩子树立健康、正确的"三观"。

（2）家庭成员之间相处不和谐。不和谐的家庭关系会使孩子感受不到人与人之间应有的爱和温暖，会对周围的人缺乏信任感，容易形成孤僻的性格，不知道该如何与人相处。有些比较严重的，成年后甚至会因为父母之间夫妻感情不好而对婚姻产生畏惧，缺乏和异性朋友交往的勇气。

高效亲子沟通

支持并帮助孩子树立梦想

"梦想还是要有的,万一实现了呢?"这是网上广为流传的一句话,虽然有些调侃的意味,但依然很励志,一度被评为"年度最热门话语"。曾经有很多人试图弄明白是谁最早说出的这句话,或者是谁使这句话"火"起来的。有人说是马云,有人说是雷军,也有人说另有其人,总之都是我们常说的"成功者",其奋斗史本身便是很好的励志故事。

其实,这句话到底最早出自哪位传奇人物之口并不重要,重要的是这句话有没有给我们带来什么启示。有人说,现在的社会很功利、很现实,谈梦想是一件很奢侈的事情。确实,很多人由于工作、生活等的压力,已经不愿意再奢谈梦想。这其中包含的妥协也好无奈也罢,我们不去讨论。在这里,我想说的是,作为家长,您是否关注过孩子的梦想?对于孩子的梦想,您又是什么态度呢?

中国台湾作家黄淑文讲述过她亲身经历的一件事。

第六章　恰到好处的引导是沟通的升华

大学时期，黄淑文参加了一个心灵成长团体课，辅导老师让每位同学画出自己生命中最渴望的东西。参加团体课的同学中有一位医生，当时他已经在业界小有名气，有着很好的社会地位和收入。但是，出乎大家意料的是，这位医生同学画的是一把吉他。并且，更加使大家惊讶的是，他画完这把吉他后突然失声痛哭，久久不能平静。

好容易平息情绪后，这位医生同学向大家解释说，他从小喜欢音乐，少年时一直梦想成为一名吉他手。但是，他的父母坚持认为搞音乐收入不稳定，弄不好恐怕连温饱也无法维持，强迫他报考了医学院。多少年过去了，他如父母所愿成了一位名医，成为许多人羡慕的成功人士，有钱有地位，生活安稳而富足。但是，这一切都没有能够使他忘记自己曾经的梦想。少年时期被父母亲手扼杀掉的吉他手梦想，已经成为他心灵深处不敢触碰的伤疤，以至于他在画下自己最喜爱的吉他后崩溃大哭。

黄淑文经常受邀演讲或参加读者见面会，分享自己教养孩子的经验。她喜欢问现场读者一个问题："观察你们身边的孩子，通常摧残孩子梦想火苗的人，绝大多数是谁呢？"几乎每次，大家都会异口同声地回答："父母！"

每个孩子都有自己的梦想，并且孩子的梦想往往五花八门各种各样，还会经常变化。于是，在很多成年人眼里，孩子就显得幼稚、荒唐、不靠谱。有的家长还会训斥孩子："少想那些没用的，好好把功课学好才是最重要的。"

然而，如果孩子没有了梦想，仅仅把功课学好，以后又怎样呢？

每年高考填报志愿时，都会有学生很迷茫，因为他们不知道自己喜欢学什么专业，有的甚至不知道自己喜欢学哪门功课。有的学生调侃说，父母是挣钱机器，自己是学习机器。自己就是按照父母的要求考高分、上大学，至于自己喜欢学什么、梦想是什么，"这个真没有"，再说了，就算有又能如何呢？只要父母认为不现实不靠谱，不还是"此路不通"吗？因此，每年都有家长按照自己的意愿给孩子报热门专业，理由仅仅是"毕业后好找工作"。我教过的学生也有升入高校后因为对所学专业不感兴趣便得过且过混日子，甚至沉迷于游戏荒废学业的，很令人痛惜。

可能有家长还记得网上曾轰动一时的北大学霸周浩退学上技校事件。

当年，周浩高考考了660多分，名列青海省理科前5名。由于从小就喜欢拆分机械，周浩想报考北京航空航天大学，因为这所高校设置有许多实用性的课程，比较对他的胃口。但是，他的这一想法遭到了家人和老师的一致反对，理由是这么高的分数不上清华北大"太浪费"了。最终，周浩妥协了，报了北大。

第六章　恰到好处的引导是沟通的升华

但这一妥协，使他陷入了长达两年多的困扰。

到了北大后，周浩努力适应新的学习环境，但是，他就读的生命科学系侧重理论和分析，而他的兴趣和长项是动手实践操作，渐渐地，他失去了学习的兴趣，越来越迷茫，甚至感到自己没有出路。后来，他又尝试转专业，然而也未果，这使得他几乎绝望。

升入大二后，周浩休学了一年。休学期间，他当过电话接线员，做过流水线工人，初步体会了人间冷暖。他一度认为，步入社会的挫败感会使自己变得现实，能够接受自己不喜欢的专业。但是，当他重新回到北大，发现一年时间的逃避和思考依然于事无补，他对所学专业依然喜欢不起来。于是，他开始在网上了解德国数控技术和中国的数控市场，并将二者进行对比，发现在德国有很多高学历的技术工人，但中国的技术工人基本上学历不高。也就是说，中国是比较缺知识技能复合型人才的。

这一发现坚定了周浩转校的决心，他选择了北京工业技师学院，因为这个学校的数控技术在行业内是领先的。周浩的这一决定掀起了轩然大波，许多朋友和同学都认为他"疯了"，父亲也坚决反对，多次跟他谈话劝他在北大再坚持一下。为了说服父母，周浩对他们详细讲述了自己升入北大以后经历的一切。父母听后很震惊，他们没想到报志愿时的一片好心竟使儿子在北大如此痛苦和压抑。终于,父母同意了他的决定。

周浩转入北京工业技师学院后,学院安排老师对他进行一对一辅导。能够直接上手操作从瑞士进口的数控机器,使得周浩如鱼得水,重新拾回学习的热情。很快,周浩便成了项目完成速度最快、质量最好的学生。第六届全国数控技能大赛决赛开幕式,周浩代表参赛选手进行了庄严宣誓。他对采访的记者说:"得到父母的支持后,我感觉自己距离梦想近了一大步。我也很在乎别人的想法,但如果一辈子都要做自己不喜欢的事情,那一生就毁了。三百六十行,行行出状元,每个人只要在适合自己、自己感兴趣的岗位上工作,都会很强大的!"

假如,在选择就读的高校时,周浩能够按照自己的梦想和兴趣所在,顺利报考北京航空航天大学,也许他的求学之路就会顺畅很多。但比起有些同学来说,周浩还是很幸运的,因为他虽然走了一些弯路,但最终还是得到了父母的理解和支持,得以走上了实现自己梦想的道路。

很多父母把孩子当成自家生产的"品牌",希望孩子走父母为之规划的人生道路,或者把自己未完成的人生梦想寄托在孩子身上,理所当然地认为这一切都是为了孩子好,认为自己是在为孩子铺平道路,在为孩子提供良好的条件。当孩子稍有不从时,有些父母还会痛心疾首:"我为你操了这么多的心,

第六章　恰到好处的引导是沟通的升华

付出了这么多，我是为了谁呀？你为什么就不听话？"于是，许多孩子被父母以爱的名义绑架，折断了梦想的翅膀，无法去做自己热爱的事情。因此，我们应该认识到，对于每一个孩子来说，梦想是最大的动力，可以倾注一个人的希望与信念，可以使一个人锲而不舍地为之奋斗和努力，并从中体会到巨大的快乐。

《小王子》的作者安东尼曾说："爱之于父母，应该是引导子女回归自己的一个轻柔过程。"父母爱孩子，就应该支持和帮助孩子树立梦想，并尊重孩子的梦想，引导孩子活出自己，教会孩子为自己的人生负责。就像周浩说的那样：父母的支持可以使孩子距离梦想近上一大步。

名师提示

每个孩子都会有五彩斑斓的梦想。心理学家认为，梦想是一种内在激励机制，可以使人有强烈的求知欲，对未来有主动的规划，对生活充满热情。因此，当孩子表达自己的梦想时，父母应该做到以下几点：

（1）不要因感觉孩子的梦想幼稚、不实际等原因而否定和嘲笑，那样只会使孩子失去自信、关闭心门，不仅打击孩子的进取心，还会影响亲子关系，不利于亲子沟通。

（2）鼓励孩子说出自己的梦想并耐心倾听，让孩子体会到父母的爱与尊重，增强孩子的自信心，给孩子精神上的支持。

（3）帮助孩子将梦想细化、具体化，并引导孩子一步步为之付出努力和行动。比如告诉孩子，要想将来成为作家就要从小增加阅读量，帮助孩子制订阅读计划、写作练习计划等。

第六章　恰到好处的引导是沟通的升华

良好的家庭熏陶是孩子一生的财富

每一个人来到世上,首先都会归属于一个特定的家庭。世上一个个不同的家庭,便是每个人最早的生存环境。因此,有人将家庭比喻为孩子生存的土壤,这片土壤给生活在其上的孩子提供赖以生存的养分,土壤是否肥沃、水分是否充沛等各种条件,直接决定孩子的成长状况。

在这里,我们说的"土壤肥沃、水分充沛"并不是指家庭的富裕程度,只要一个家庭各方面都充满了正能量,那么对于孩子来说,就会是一个有利于成长的良好环境。家庭环境可以分为硬环境和软环境。硬环境指的是物质条件,但并不是说只有富足的家庭条件才是好的,关键是干净、整洁、有序;软环境指的是家庭成员间良好的关系、家长积极向上的人生态度、高尚的道德情操等。

家庭环境对孩子的成长起着潜移默化的熏陶作用。所谓"熏陶",是指人的思想行为因长期接触某些事物而受到好或者坏的影响。先秦荀况《荀子·劝学》中说:"蓬生麻中,不扶而直;白沙在涅,与之俱黑。"意思是说,如果蓬草生长在丛麻之中,不用扶持也能挺立住;如果白沙混进了黑土里,就会也变成黑色。说的就是这个道理。

央视《挑战不可能》节目中,曾有一个5岁的小萌娃王恒屹凭实力完成挑战,圈粉无数。

小萌娃王恒屹面对的挑战题目是在300卷唐诗中,随机选出10联,每联随机保留3个字,然后在规定的时间内,根据所保留的3个字的提示,补全诗句。并且,要10道题全部答对并知道诗句的意思,才算挑战成功。

由于是随机抽取诗句,在挑战的过程中,还出现了"襟、魑魅、殇、窅然"这样较为生僻的字。然而,面对超高难度的题目,年仅5岁的小萌娃王恒屹顺利完成挑战,还表示"其实都不难"。这一切令许多网友感叹自己"输给了孩子"。

小萌娃王恒屹会背近500首古诗词,2岁时就认识2000多个汉字,200多个国家的国旗、国徽。这一切都与其家庭的熏陶密不可分。

小恒屹的爸爸妈妈上班的时候,主要由爷爷奶奶带他,小恒屹的奶奶喜欢朗诵和阅读,经常听一些名家朗诵并跟着诵读。后来,奶奶发现,小恒屹对诵读声似乎很感兴趣,虽然他还不会说话,但总是咿咿呀呀地"跟着学"。于是,奶奶便试着读

第六章　恰到好处的引导是沟通的升华

一些简单的唐诗给他听，后来，小恒屹开始能接一个字、两个字，直到背出全句。可以说，小恒屹学背诗比学说话还早。

为了给孩子做出爱学习的榜样，小恒屹的爸爸妈妈下班回到家后，从不在他面前玩手机，陪他玩得最多的游戏是诗词接龙、飞花令等，奶奶更是坚持每天和小恒屹一起背诵诗词。上幼儿园后，小恒屹每天早早起床，背完一首诗再去幼儿园。他还劝说别的小朋友学习："幼不学，老何为？"这是奶奶教育他时经常说的，他已经深深地记在了心里。在这样的启蒙环境和家庭熏陶下，成长出一个这样的"小神童"也就不足为奇了。

德国著名的哲学家雅斯贝尔斯在《什么是教育》一书中写道："教育的本质意味着，一棵树摇动另一棵树，一朵云推动另一朵云，一个灵魂唤醒另一个灵魂。"有些家长总认为自己工作忙、孩子小不懂事，只要不缺吃不缺喝，大点儿了上幼儿园、上学，接受学校教育就可以了。其实这种观点是十分片面甚至错误的。学校教育固然重要，但孩子的成长仅仅依靠学校教育远远不够。对于孩子来说，家庭是人生的第一座课堂，父母是人生的第一任老师。并且，当孩子逐渐长大，走向幼儿园、学校以及更广阔的社会以后，家庭依然是关系最密切、影响最深远的环境，父母也依然是最亲近、最有影响力的老师。父母对孩子的影响，不仅持续时间长，而且最为深刻和牢固。

中国台湾著名女作家罗兰曾在一篇文章中这样写道："生

高效亲子沟通

命不是一个可以孤立成长的个体。它一面成长，一面收集沿途的繁花茂叶。它又似一架灵敏的摄像机，沿途摄入所闻所见。每一分每一寸的日常小事，都是织造人格的纤维。环境中每一个人的言行品格，都是融入成长过程中的建材，使这个人的思想感情与行为受到感染，左右着这个人的生活态度。环境给一个人的影响，除有形的模仿以外，更重要的是无形的塑造。"这些诗一般的语言，精辟地说明了环境、家庭对一个人的影响。确实，年幼的孩子就像摄像机，随时记录着周围发生的一切，他们对其中一些事情也许暂时不能理解，但会在脑海中形成印象，潜移默化为自己的习惯、性格、"三观"。

霍启刚、郭晶晶夫妇对儿子霍中曦的教育就堪称良好家庭熏陶的典范。

霍启刚、郭晶晶夫妇被称为富豪界的一股清流，身在豪门世家，一直很朴素低调。从霍中曦三四岁的时候，他们便带孩子一起做各种公益活动，如帮妇联义卖筹款、参加联合国儿童基金会的慈善跑、去基层卫生所探望医生和村民，等等。

霍启刚曾在微博中晒出一组照片，是他和郭晶晶带儿子霍中曦到农田体验插秧的场景，并配文："锄禾日当午，汗滴禾下土。谁知盘中餐，粒粒皆辛苦。每天都跟孩子念，但是真的知道背后意义吗？刚刚过了一个非常有意思的周末，跟老婆孩子一起去香港二澳村，体验插秧，领悟农民伯伯的辛苦。现在的孩子

第六章 恰到好处的引导是沟通的升华

们成长在幸福的时代,没饿过肚子,挑食和浪费变成了习惯,他们更需要知道食物从哪儿来,学会珍惜,学会知足!跟家人一起的时间很重要,不如大家想想做一些有意义的活动!"

照片中,霍启刚、郭晶晶夫妇带着刚满6岁的儿子,头顶烈日,高高挽起裤腿,在满是淤泥的稻田里插秧。辛苦劳作之后,还在村民家里吃了普通的农家饭菜,三个人的脸上洋溢着幸福的满足。

霍启刚的这条微博一经发出就上了热搜,并引来无数网友点赞和评论。

有的网友说:"他让我们学会了分辨贵族和土豪。"

有的网友说:"没想到,豪门生活与我想象的竟然如此不同,他们豪的不是生活,而是教育。"

还有的网友说:"一家人这样亲近大自然是有多赞!正能量爆棚,亲子教育呀!接受和理解都在其中,在儿子心里会印象深刻!豪门榜样!"

霍启刚和郭晶晶夫妇用被誉为"豪门清流"的低调、朴实作风,身体力行地为孩子示范着理性的金钱观和价值观。他们教育、引导孩子的方式值得我们每一个家长学习。现在,我们经常说,要给孩子最好的,但真正"最好的"又是什么呢?如果仅仅理解为金钱和物质的话,不仅狭隘,而且容易误入歧途。其实,作为父母,提高自身的层次、眼界和格局,努力成为一

高效亲子沟通

个更好的自己，从而在潜移默化的影响下，将孩子熏陶成为一个更好的人，应该是为人父母者给孩子的最好的、能够受益终生的礼物，也是孩子一生的财富。

名师提示

年幼的孩子对父母有天然的崇拜心理，父母就是他们模仿和学习的对象，父母的一言一行，都会对孩子产生潜移默化的影响。因此，每一个为人父母者都要特别注意自己的表率作用，尽力为孩子营造一个良好的家庭环境。

（1）尽量抽出时间多陪伴孩子。父母与孩子的交流和沟通贯穿在日常生活的各个方面，多一点陪伴，便多了一些与孩子沟通的机会，有利于建立良好的亲子关系。值得提醒的是，在陪伴孩子成长的过程中，父亲母亲都不能缺席，否则不利于孩子人格的形成与完善。

（2）在家庭中营造良好的学习氛围。父母是孩子最亲近的人，也是孩子人生中重要的启蒙学习对象。因此，父母要积极认真地对待自己的工作和学习，不断提升自身素质，为孩子做出榜样。